Knaur®

Von E. Gambsch sind außerdem als Knaur-Taschenbücher erhältlich:

»Die 300 besten Ärzte-Witze« (Band 2768)
»Die 300 besten Polizisten-Witze« (Band 2769)
»Die 300 besten Beamten-Witze« (Band 2770)

Originalausgabe 1990

Umschlaggestaltung Dietmar Grosse
Satz IBV Satz- und Datentechnik GmbH, Berlin
Druck und Bindung Ebner Ulm
Printed in Germany 5 4 3 2 1
ISBN 3-426-02771-2

E. Gambsch (Hrsg.):
Die 300 besten Psychiater-Witze

Mit Karikaturen von Dietmar Grosse

Knaur

Inhalt

»Bei Nichterfolg Spleen zurück!«

oder

Also sprach der Psychiater

Zwei Psychiater treffen sich abends nach der Praxis in ihrem Stammlokal.
»Wie machen Sie das nur, Herr Kollege«, fragt der jüngere von beiden, der einen sehr gestreßten und nervösen Eindruck macht, »so erholt und ruhig hier zu sitzen, wenn Sie von morgens bis spätabends den seelischen Nöten Ihrer Patienten zuhören müssen?«
Kopfschüttelnd meint da der erfahrenere Kollege: »Wieso denn zuhören?«

Es sagte der Psychiater:

»Sie dürfen ganz beruhigt sein. Wer sich meine Honorare leisten kann, ist nie im Leben ein totaler Versager!«

Der Mann sieht seinen Psychiater verzweifelt an. »Ich bin am Ende, Herr Doktor«, stöhnt er. »Ich weiß nicht mehr, was ich noch machen soll. Meine Frau hat mich verlassen, und ihre Familie geht mir schon seit Jahren aus dem Weg.«
Der Psychiater lehnt sich neugierig vor und fragt höchst interessiert: »Können Sie mir bitte verraten, wie Sie das geschafft haben?«

*

Zwei Psychiater treffen sich.
»Na, wie geht's, Herr Kollege? Was macht die Praxis?«
»Ich kann nicht klagen«, erwidert der Befragte. »Ich habe gerade einen sehr interessanten Fall von Schizophrenie. Der Patient glaubt fest, er bestünde aus zwei Personen.«
»Und das soll etwas Besonderes sein?« wundert sich der andere.
»In diesem Fall schon. Beide zahlen nämlich.«

»Herr Doktor, ich leide unter der Zwangsvorstellung, jung sterben zu müssen«, sagt die Patientin beim Psychiater. »Das quält mich ganz entsetzlich.«
Der Psychiater betrachtet sie eine Weile und meint dann: »Ich glaube, ich kann Sie beruhigen. Wenn mich nicht alles täuscht, ist diese Gefahr bereits vorüber!«

*

Der berühmte Psychiater erläutert in einem Vortrag wieder einmal seine Lieblingstheorie. Er spricht von Minderwertigkeitskomplexen und deren Überwindung, und davon, daß viele Menschen ihre Schwächen in Stärken zu verwandeln suchen. Kränkelnde Kinder setzen alles daran, Hochleistungssportler zu werden, völlig unmusikalische Menschen starten eine Gesangskarriere und so weiter.
Als der Psychiater seine Ausführungen beendet hat, fragt einer der Zuhörer: »Dann müßten nach Ihrer Theorie, Herr Professor, hauptsächlich diejenigen Psychiater werden, die selber einen nötig hätten?«

*

Der Psychiater redet der Ehefrau seines Patienten ins Gewissen.
»Ihr Mann leidet unter schweren Depressionen. Er braucht wirklich absolute Ruhe und Erholung.«
»Ich weiß, Herr Doktor«, verteidigt sich die Ehefrau, »aber er hört einfach nicht auf mich!«
»Ausgezeichnet!« meint der Psychiater. »Das ist ein guter Anfang.«

*

Die Patientin schaut den Psychiater vertrauensvoll an. »Können Sie mir helfen, Herr Doktor? Ich habe meinen Namen vergessen.«
Der Psychiater nickt beruhigend. »Bestimmt. Und nun mal schön der Reihe nach. Wie heißen Sie?«

Zwei bekannte Psychiater begegnen sich.
»Guten Tag«, sagt der eine.
Der andere dankt für den Gruß, dann sieht er seinem Kollegen mit dem geübten Blick des Seelenforschers in die Augen und meint: »Wie ich feststelle, geht es Ihnen erfreulich gut. Bitte sagen Sie mir doch – wie geht es mir?«

*

Ein Psychiater hat an der Eingangstür zu seiner Praxis ein Schild anbringen lassen:
Treten Sie auf jeden Fall ein. Wenn Sie irgendwelche Sorgen oder Probleme haben, werde ich Sie für dreihundert Mark beraten. Haben Sie keine, werde ich Ihnen achthundert Mark geben, um zu erfahren, wie Sie das machen.

Es fragte der Quizmaster:

»Kennen Sie den Unterschied zwischen einem Neurotiker, einem Geisteskranken und einem Psychiater? – Der Neurotiker baut Luftschlösser, der Geisteskranke bewohnt sie, und der Psychiater kassiert die Miete dafür.«

Auf einem Bauernhof taucht immer wieder ein Mann auf, der sich offensichtlich ganz besonders gern in dem riesigen Kuhstall des Bauern aufhält. Eines Tages fragt der Bauer den Besucher, ob er sich auch einen Bauernhof kaufen wolle.
»Nein, nein«, erklärt der Mann, »ich bin Psychiater und brauche hin und wieder zur Erholung eine Stunde unter weiblichen Wesen, die mit sich und der Welt zufrieden sind!«

Kaum hat die Blondine die Praxis des Psychiaters betreten, hat er sie schon ausgezogen und nach Strich und Faden vernascht.
Als er sich wieder angezogen hat, meint er: »So, das war mein Problem – und womit kann ich Ihnen helfen?«

*

Ein Mann hat den Psychiater aufgesucht und klagt ihm: »Herr Doktor, ich habe eine seltsame Wirkung auf meine Umwelt. Man hält mich für allwissend, für einen Übermenschen, für jemanden, der für alle Probleme eine Lösung weiß, der sich nie irrt.«
Der Psychiater schaut von seinem Karteiblatt hoch und murmelt: »Hören Sie auf, Herr Kollege!«

Es fragte der Patient:

»Sagen Sie mal, Herr Doktor, woran erkennt man einen Geisteskranken?«
»An seinen Fragen.«

»Ich habe jetzt einen Patienten, der hält sich für ein Taxi«, erzählt der Psychiater einem Freund.
»Interessant – und was tust du dagegen?« will dieser wissen.
Meint der Psychiater achselzuckend: »Natürlich nichts! Er bringt mich doch nach jeder Sitzung nach Hause.«

*

In einer psychiatrischen Vorlesung fragt ein vorlauter Student den Professor: »Woher kommt es bloß, daß wir so viele Geisteskranke haben?«
Der Professor blickt den Frager durchdringend an und sagt: »Fragen Sie Ihren Vater!«

PSYCHO AMBULANZ
Grosse

Zwei Psychiater sprechen über ihren Beruf.
»Es ist unglaublich«, sagt der eine, »wie wenig normal die Leute denken. Bei den simpelsten Fragen geben sie die verrücktesten Antworten. Zum Beispiel die Fragen, die ich gewöhnlich meinen Patienten stelle: Es trägt einen kurzen Rock, und die Lippen machen Freude. Was ist das?«
Der Kollege überlegt nicht lange. »Das ist ein Schotte, der Dudelsack spielt.«
»Gut. Zweite Frage: Sie sind im Bett, und etwas Warmes, Angenehmes rollt gegen Sie. Was ist das?«
»Na, ganz einfach. Eine Wärmflasche.«
»Eben. Und woran denken Sie, wenn sich plötzlich zwei Arme von hinten um Ihren Hals schlingen?«
»An einen Judokämpfer.«
Darauf meint der erste Psychiater seufzend: »Ja, ja, mein Lieber, Sie sind eben normal, aber Sie würden sich wundern, was meine Patienten auf diese Fragen antworten!«

Es stand im Lexikon:

Der Psychiater. Definition: Berufsstand; der Psychiater ist ein Mensch, der keine Sorgen hat, solange andere Sorgen haben.

Beckmann sitzt beim Psychiater und berichtet nicht ohne Stolz: »Ich kann Gedanken lesen, Herr Doktor. Aber irgendwie habe ich Schwierigkeiten damit. Ich habe kaum noch einen Freund. Sagen Sie, was denken Sie darüber?«

Unwirsch meint der Psychiater: »Fragen Sie doch nicht so merkwürdig. Offensichtlich wissen Sie doch sowieso, was ich denke!«

*

Die ältere Dame weiß sich nicht mehr zu helfen und geht zum Psychiater.
»Ich habe einen seltsamen Tick«, gesteht sie ohne Umschweife. »Immer, wenn ich ins Bett gehe, muß ich mich auf den Boden legen und nachsehen, ob unter dem Bett kein Mann liegt. Was kann ich gegen diese Zwangsvorstellung bloß tun?«
»Das ist einfach zu beheben«, sagt der Psychiater. »Sägen Sie doch einfach die Füße des Bettes ab.«

*

Die besorgte Mutter will etwas für ihre nymphomanische Tochter tun und geht zum Psychiater.
»Herr Doktor«, bekennt sie, »es gibt nichts, vor dem ihr extremer Geschlechtstrieb und ihre verworfenen Neigungen haltmachen.«
»Hochinteressant!« sagt der Psychiater. »Hat sie schon einen festen Freund?«

*

Der junge Psychiater hat seine Praxis eröffnet und setzt unter der Rubrik »Geschäftliches« ein Inserat in die Tageszeitung:
Besuchen Sie Dr. Jonathan Grimme. Erfolgreiche Kuren auch in schweren Fällen. Garantie: Bei Nichterfolg Spleen zurück!

In einer Gesellschaft wird ein bekannter Psychiater von der Gastgeberin gefragt: »Sagen Sie, Herr Professor, woran erkennt man eigentlich am sichersten, daß ein Mensch geistig gestört ist?«
»Nun, das ist ganz einfach«, gibt der Psychiater bereitwillig Auskunft. »Ich stelle ihm eine Frage, die man ganz mühelos beantworten kann. Wenn der Betreffende es nicht kann, ist das bereits ein ziemlich deutlicher Anhaltspunkt.«
»Interessant«, meint die Gastgeberin. »Und was fragen Sie da so?«
»Na, zum Beispiel: Der englische Seefahrer James Cook unternahm insgesamt drei große Entdeckungsreisen. Auf einer davon wurde er ermordet. Auf welcher war das?«
Die Dame lächelt verlegen. »Muß es denn unbedingt eine historische Frage sein?«

*

Der Psychiater faßt noch einmal zusammen: »Also, mein lieber Herr Möllner, vor allem sich nicht aufregen, sondern entspannen und nicht zuviel arbeiten. Und bedenken Sie: Geld ist auch nicht alles! Ja, das macht für dieses Mal dreihundert Mark.«

*

Der Psychiater erläutert seinem Patienten: »Als erstes muß ich Ihnen sagen, daß eine Konsultation bei mir zweihundert Mark kostet.«
»Ich weiß«, antwortet der Patient resigniert.
»Zweitens: Für diesen Preis können Sie mir nur zwei Fragen stellen.«
»Zweihundert Mark für zwei Fragen – finden Sie das nicht etwas zu teuer, Herr Doktor?«
»Vielleicht«, antwortet der Psychiater, »vielleicht – und wie lautet Ihre zweite Frage?«

ICH HABE GROSSE ANGST, SEHR, SEHR JUNG ZU STERBEN.
ABER, ABER - DAVOR BRAUCHEN SIE DOCH JETZT KEINE ANGST MEHR ZU HABEN
Grosse

Der kleine Sohn des Psychiaters kann sich unter dem Beruf seines Vaters nicht viel vorstellen und fragt: »Papa, was ist denn eigentlich ein Psychiater?«
Der Spezialist überlegt. »Tja, mein Junge – also, das ist ein Doktor, der kein Blut sehen kann!«

*

Seit Jahren geht Frau Bachhuber jetzt schon zum Psychiater. Eines Tages hat sie genug.
»Jetzt komme ich schon seit fünf Jahren einmal in der Woche zu Ihnen, Herr Doktor«, räsoniert sie, »und ich fühle mich weder besser noch schlechter. Ich will es jetzt genau wissen: Was stimmt nicht mit mir?«
»Gut«, meint der Psychiater grimmig, »Sie haben es so gewollt: Sie sind vollkommen verrückt.«
Empört faucht sie ihn an: »Ist das etwa alles, was Sie in all den Jahren herausgefunden haben?«
»Nein. Außerdem sind Sie furchtbar häßlich.«

Es sagte die tolle Blondine:

»Ich leide an Gedächtnisschwund. Spätestens nach einer halben Stunde habe ich alles, was war, schon wieder vergessen.«
»Ausgezeichnet. Dann ziehen Sie sich mal schnell aus und legen sich dort auf diese schöne, breite Couch!«

Nach der dreizehnten Behandlung seufzt der Psychiater vor sich hin: »Also, diese Hypochonder...«
»Was ist ein Hypochonder, Herr Doktor?« fragt die Patientin interessiert.
»Das ist jemand, der sich nur wohl fühlt, wenn er sich schlecht fühlt.«

»Ich habe jeden Kontakt zu meiner Umwelt verloren, Herr Doktor«, jammert Haslinger in der ersten Sitzung beim Psychiater. »Ich kann keinerlei Interesse mehr für andere Menschen aufbringen; ihre Erlebnisse, auch die intimsten, erscheinen mir so langweilig und öde. Ich kann kaum noch zuhören, wenn mir irgend jemand etwas anvertrauen will.«
»Ja, ja«, brummt der Psychiater nachdenklich, »endlich mal etwas, das ich nur zu gut verstehen kann...«

*

Der Psychiater hat eine ständig überfüllte Praxis und kann sich vor echten und angeblichen Patienten kaum retten. Schließlich hängt er in seinem Wartezimmer ein Schild an die Wand:
Vorsicht, ich warne Sie. Ich lebe von Leuten, die mit ihrer Vergangenheit nicht fertig werden und sich die Gegenwart mit Zukunftssorgen verderben.

*

Eine bildhübsche Frau kommt zu einem Psychiater und klagt über zunehmende körperliche, aber auch nervliche Beschwerden. Sie hätte schreckliche Schmerzen in Armen und Beinen, innere Störungen und sei so nervös, daß sie sich bald nicht mehr auf die Straße traue.
»Was ist denn Ihr Beruf?« fragt der Psychiater.
»Ich bin Callgirl«, antwortet sie freimütig.
Der Psychiater überlegt eine Weile, dann sagt er streng: »Vier Wochen striktes Bettverbot!«

Es sagte der Kollege:

»Schön ist die Frau des Psychiaters nicht, reich ist sie auch nicht – weshalb hat er sie bloß geheiratet?«
»Sie hat so hinreißende Alpträume!«

Die Freunde unterhalten sich über Psychiater und ihre Behandlungsmethoden und -erfolge. Witzelt der eine von ihnen: »Und dann war da noch der Millionär, der sich, als er seine Rechnung vom Psychiater bekam, an die Stirn schlug und stöhnte: ›Mann, o Mann, muß ich verrückt gewesen sein!‹ «

*

»Mit ganz einfachen Tricks kann man nervöse Kinder schnell beruhigen«, versichert der Psychiater. »Zum Beispiel, wenn Ihr Kind Sie ärgert, streichen Sie einige Male mit einer Haarbürste sanft über die Härchen des Kleinen.«
Fragt eine Mutter: »Und wenn es sich trotzdem nicht beruhigt?«
»Dann«, rät der Psychiater, »benutzen Sie die andere Seite der Bürste!«

*

Der achtzigjährige Opa hat sechs Richtige im Lotto. Die übrigen Familienmitglieder befürchten, den alten Herrn könne vor Aufregung der Schlag treffen. Sie bitten deshalb seinen Psychiater, es ihm schonend beizubringen.
»Na, mein Lieber«, fragt der Psychiater, »was würden Sie machen, wenn Sie plötzlich über eine Million gewinnen würden?«
»Nach allem, was Sie für mich getan haben, würde ich Ihnen die Hälfte abgeben«, erklärt der alte Herr sofort.
Da sinkt der Psychiater, vom Schlag getroffen, zu Boden.

*

Der Psychiater sagt zu seinem Patienten: »Ich habe mich entschlossen, bei Ihnen von jetzt an für die Stunde den doppelten Preis zu berechnen.«
»Aber warum denn, Herr Doktor?« protestiert der Patient.

»Mein Zustand hat sich doch kein bißchen gebessert, und schließlich dauert die Behandlung jetzt schon drei Jahre!«
»Eben darum...«

*

Die ältere Dame kommt zum Psychiater.
»Es ist entsetzlich. Jede Nacht erzählt mir im Traum ein wildfremder Mann schmutzige Witze. Was kann ich dagegen tun?« will sie wissen.
Der Psychiater reagiert unwirsch. »Stecken Sie sich vor dem Schlafengehen Watte in die Ohren!«

*

Ein Ehepaar geht ins Kaufhaus, um einzukaufen. Der kleine Sohn darf unten im Erdgeschoß beim Schaukelpferd bleiben und reiten.
Als seine Eltern ihn wieder holen wollen, ist er nicht mehr vom Schaukelpferd herunterzubekommen. Jeder Versuch, ihn herunterzuziehen, wird mit Brüllen und Schreien quittiert. Die Mutter versucht es, der Junge wehrt sich wie wild. Der Vater droht ihm, der Junge heult. Andere Kaufhausbesucher mischen sich ein – ohne Erfolg.
Schließlich sagt ein Mann zu dem Vater des Jungen: »Lassen Sie es mich versuchen, ich bin Psychiater.«
Er geht zu dem Jungen und sagt ihm etwas ins Ohr. Widerstrebend, doch ohne weiteres Theater bequemt sich der Kleine, vom Pferd herunterzusteigen.
Voller Verwunderung fragen die Eltern den Psychiater: »Wie haben Sie das nur geschafft?«
»Ich habe zu ihm gesagt: Wenn du nicht runtergehst, ziehe ich dir die Hosen herunter und versohle dir den Hintern!«

Es sagte die Ehefrau:

»Herr Doktor, mein Mann muß verrückt sein. Er glaubt Supermann zu sein und fliegen zu können. Und wir wohnen im zehnten Stock!«
»Keine Bange, das schafft er nie!«

Ein Psychiater witzelt mit seinem jungen Kollegen: »Woran erkennt der geschulte Psychiater die beginnende Impotenz bei arbeitsbesessenen Topmanagern?«
Der andere muß erst nachdenken.
»Na, ganz einfach. Wenn sie die Sekretärin entlassen und sich statt dessen ein Diktiergerät anschaffen!«

*

Der junge Psychiater hat die Praxis seines Vaters übernommen. Eines Mittags sagt er etwas vorwurfsvoll zu seinem Vater: »Also, weißt du, die Patientin, die du fast zehn Jahre behandelt hast, habe ich in einer einzigen Sitzung geheilt!«
»Das warst du ihr auch schuldig«, meint der alte Psychiater, »sie hat nämlich in den zehn Jahren dein Studium mitfinanziert.«

*

Der junge Mann erläutert dem Psychiater sein Problem. »Ich muß in der nächsten Zeit eine Prüfung machen. Das ist für mich besonders unangenehm, weil ich krankhaft ängstlich bin, besonders in Gegenwart anderer Menschen. In einer Prüfungssituation bekomme ich immer einen furchtbar störenden Reizhusten. Ich hatte deshalb gedacht, daß eine psychoanalytische Behandlung...«

»Das dauert viel zu lange«, sagt der Psychiater. Er greift zu seinem Rezeptblock und schreibt. »Hier, nehmen Sie das ein. Das ist ein starkes Abführmittel. Nehmen Sie es vor der Prüfung. Sie werden es ganz sicher nicht wagen, zu husten...«

*

»Schicken Sie jetzt die Nymphomanin herein«, sagt der Psychiater zu seiner Assistentin, »und dann können Sie für heute nach Hause gehen.«

*

Zwei Psychiater unterhalten sich. Der eine berichtet dem Kollegen stolz von seiner neuesten Methode.
»Wer zu mir in die Praxis kommen möchte, steht zunächst vor zwei Türen. Auf der einen steht *Herren*, auf der anderen *Damen*. Sobald der Patient nun durch eine der beiden Türen gegangen ist, befindet er sich wieder in einem Raum mit zwei Türen. Auf der einen steht *geistige* und auf der anderen *praktische Berufe*. Danach kommen noch einmal zwei Türen: *Einkommen unter Hunderttausend* und *Einkommen über Hunderttausend*. Ja, und jetzt kommt das Wichtigste: Wer durch die Tür *Einkommen unter Hunderttausend* geht, befindet sich wieder auf der Straße!«

Es erzählte der Kollege:

»Mein Neffe war beim Psychiater. Er hat Komplexe, er findet, daß er so häßlich ist.«
»Und was hat der Psychiater gesagt?«
»Er soll sich aufs Gesicht legen.«

Zwei Psychiater fachsimpeln. »Kürzlich hatte ich einen beachtlichen Erfolg«, sagt der eine.
»Also, erzählen Sie«, drängt der andere.
»Ich habe zwei Patienten in der Hypnose Befehle erteilt, die sie auch prompt im Wachzustand ausgeführt haben.«
»Das ist doch nichts Besonderes«, meint der andere etwas enttäuscht.
»Aber doch«, widerspricht der erste vehement, »ich hatte ihnen nämlich befohlen, gleich am nächsten Tag mein Honorar zu zahlen!«

*

Die junge Frau ist sehr attraktiv, und der Psychiater fragt sie: »Nun, mit was für einem Problem kommen Sie denn zu mir?«
»Ich fürchte, ich entwickle mich immer mehr zur Nymphomanin«, sagt sie etwas bedrückt.
»Ich kann Ihnen sicher helfen«, meint der Psychiater zuversichtlich. »Ich muß Sie allerdings darauf aufmerksam machen, daß es nicht billig wird. Eine Stunde kostet bei mir hundertfünfzig Mark.«
»Ist gut«, sagt sie nach kurzem Überlegen. »Und was kostet die ganze Nacht?«

Es sagte der Patient:

»Herr Doktor, mich überfällt ein Stimmungstief, ein depressives Gefühl, wann immer ich an mein Geld denke.«
Der Psychiater: »Kopf hoch! Nach einer intensiven Behandlung werden Sie es los sein!«

WAS HABEN SIE DENN GANZ AM ANFANG GEMACHT?
OK – AM ANFANG SCHUF ICH HIMMEL UND ERDE.
Gresse

Der Psychiater hat einen langen Tag hinter sich, an dem er sich unzählige Probleme hat anhören müssen. Sein berufsmäßiger Gleichmut ist dahingeschwunden. Der letzte Patient schließlich sieht auch nur alles grau in grau: alle Menschen hätten etwas gegen ihn, niemand könne ihn ausstehen, und er selbst möge eigentlich auch niemanden.

»Und was das schlimmste ist, ich kann meinen Zwillingsbruder nicht ausstehen, Herr Doktor.«

»Sind Sie eineiige Zwillinge?« unterbricht ihn der Psychiater.

»Ja, und wir sind uns so ähnlich, daß wir uns selbst kaum auseinanderhalten können.«

»Nun«, brummt der Psychiater, »wenn das so ist, haben Sie allen Grund, Ihren Bruder unausstehlich zu finden!«

*

Die junge Dame sitzt ziemlich verzweifelt beim Psychiater. »Herr Doktor, Sie müssen mir helfen. Immer, wenn ich etwas getrunken habe, verliere ich jede Hemmung und werfe mich dem nächstbesten Mann an den Hals.«

»Nun«, meint der Psychiater bedächtig, »da wollen wir erst mal ein Gläschen trinken und dann Ihr Problem in aller Ruhe behandeln!«

»Der nächste Napoleon, bitte!«

oder

Wahnsinn mit Methode

Hausmann sitzt deprimiert bei seinem Psychiater.
»Herr Doktor«, sagt er, »meine Familie ist furchtbar böse auf mich, nur weil ich mein ganzes Geld für Schallplatten ausgebe.«
»Machen Sie sich nichts draus«, meint der Psychiater. »Viele Menschen geben sehr, sehr viel Geld für Schallplatten aus, das sind eben richtige Musikliebhaber.«
»Aber ich bin kein Musikliebhaber, Herr Doktor«, protestiert Hausmann. »Ich sammle nur die niedlichen kleinen Löcher in der Mitte.«

Es fragte der Psychiater:

»Wie heißen Sie?«
»Huber ohne y.«
»Wie bitte?«
»Huber ohne y.«
»Aber Huber hat doch gar kein y.«
»Das sage ich doch schon die ganze Zeit!«

Der junge Mann ist nun endlich auf Anraten seiner Familie zum Psychiater gegangen, weil er nur Baumwollsocken mag.
»Aber – das ist doch kein Grund, mich zu konsultieren!« sagt etwas ungehalten der Psychiater. »Ich mag auch am liebsten Baumwollsocken.«
»Ja, wirklich?« Der junge Mann strahlt vor Erleichterung. »Etwa auch mit Essig, Öl und einem Spritzer Zitronensaft?«

*

Kommt ein Känguruh zum Psychiater und sagt traurig: »Ich weiß nicht, was mit mir los ist. Mir kommt die Hopserei auf einmal so komisch vor.«

In das Behandlungszimmer eines Psychiaters kommt ein jüngerer Mann, setzt sich, nimmt eine Zigarette aus der Hosentasche, schält das Papier davon ab, reißt den Tabak auseinander und stopft ihn in seine Nasenlöcher.
Der Psychiater hat ihm voller Erstaunen zugesehen und meint jetzt: »Ja, ja, ich sehe schon, Sie haben meine Hilfe dringend nötig.«
»Danke, ja«, antwortet der Mann. »Können Sie mir Feuer geben?«

*

»Wie ist Ihr Name?« fragt der Psychiater den Patienten.
»Winston Churchill!«
»Vor zwei Wochen behaupteten Sie aber, Margaret Thatcher zu heißen«, gibt der Psychiater zu bedenken.
»Ja, das stimmt«, bestätigt der Patient, »das war mein Mädchenname!«

*

»Ich kenne Ihr Problem nicht«, sagt der Psychiater zu seinem neuen Patienten, »aber vielleicht sollten wir am Anfang beginnen.«
»Schön«, sagt der Patient, »am Anfang schuf ich Himmel und Erde.«

Es fragte der Psychiater:

»Wann kamen Sie auf die Idee, ein Bernhardiner zu sein?«
»Ach, schon vor einigen Jahren, Herr Doktor – genauer gesagt, als ich noch ein ganz kleiner Hund war.«

DIPLOM
PSYCHOLOGE
C. SENFFT
DER NÄCHSTE
NAPOLEON
BITTE

Die Nachbarn sind sich alle darüber einig: Frau Grasmück hat das, was man einen leichten Dachschaden nennt. Also geht sie zum Psychiater und gesteht ihm: »Doktor, ich höre Stimmen!«
Der Psychiater schaut die Patientin prüfend an und fragt: »Aha! Und was sagen diese Stimmen, Frau Grasmück?«
»Ich weiß nicht, Herr Doktor, ich bin taub!«

*

Beruhigend nimmt der Psychiater die Hände des nervösen Patienten in die seinen, sieht ihn freundlich an und sagt: »Natürlich sind Sie ganz gesund. Aber es würde mich doch interessieren zu erfahren, wann Sie entdeckten, daß Kleopatra Sie betrügt.«

*

»Seit Wochen drängt mich meine Familie, zu Ihnen zu gehen, Herr Doktor«, sagt die Patientin zum Psychiater. »Und zwar einzig und allein, weil ich gerne Pfannkuchen mag.«
»Aber das verstehe ich nicht recht«, meint der Psychiater überrascht. »Auch ich esse gern Pfannkuchen. Das ist beinahe mein Lieblingsgericht. Da ist doch nichts dabei.«
»Sie auch?« sagt erfreut die Patientin. »Das ist ja großartig! Da müssen Sie mich mal besuchen kommen. Ich habe zwanzig Koffer mit Pfannkuchen zu Hause.«

*

Der Psychiater schüttelt mißbilligend den Kopf und sieht dem Mann beschwörend in die Augen. »Das mit den übernatürlichen Kräften, das bilden Sie sich doch wirklich alles nur ein«, sagt er.
»So?« sagt der Mann, streckt die Arme nach beiden Seiten aus und fliegt davon, ohne einen Blick auf die zusammenstürzende Praxis zu werfen.

Der Patient ist ganz aufgeregt und fleht den Psychiater an: »Herr Doktor, Sie müssen mir helfen! Überall, wo ich hingehe, verfolgen mich diese kleinen gelben Spongerlinger.«
»Was sind denn Spongerlinger?« will der Psychiater wissen.
»Spongerlinger? Das weiß ich nicht. Das ist es ja gerade!«

Es fragte der Psychiater:

»Und wann bemerkten Sie zum erstenmal, daß es Ihnen Spaß macht, Steuern zu bezahlen?«

Der Bauer ist ein besonders schwerer Fall für den jungen Psychiater. Er ist nämlich davon überzeugt, ein Pferd verschluckt zu haben. Der Psychiater versucht alles, aber der Bauer bleibt dabei, das Pferd sei in seinem Bauch. Schließlich unternimmt der Psychiater einen letzten Versuch.
Er gibt dem Bauern ein starkes Schlafmittel, damit dieser sanft und selig schläft. Aus einem nahegelegenen Reitstall läßt er ein Pferd in den Schlafraum des Bauern bringen. Der Bauer schläft eine Ewigkeit, aber schließlich wacht er auf.
»Es ist alles in Ordnung«, sagt der Psychiater. »Jetzt haben wir doch das Pferd herausbekommen. Was sagen Sie nun dazu? Gefällt es Ihnen?«
»Also, in der Stadt können Sie vielleicht Ihre Patienten damit an der Nase herumführen«, sagt der Bauer empört, »aber solche Tricks verfangen bei mir nicht. Was ich verschluckt habe, war ein richtiges Arbeitspferd und nicht so ein alberner Turnierspringer!«

In der Praxis des Psychiaters.
»Jeden Morgen um sieben muß ich immer mein großes Geschäft erledigen, Herr Doktor.«
Der Psychiater weiß nicht, was der Mann will. »Seien Sie doch froh, das kann nicht jeder.«
Der Mann schüttelt den Kopf. »Aber das Problem dabei ist, Herr Doktor, ich wache immer erst um acht Uhr auf.«

*

Ein Mann ist bei einem Psychiater in Behandlung.
»Sie sind ja ganz schön kräftig gebaut und auch gut durchtrainiert«, stellt der Psychiater anerkennend fest. »Was haben Sie denn zuletzt beruflich gemacht?«
»Ich war Holzfäller in der Sahara.«
»Na, hören Sie mal – in der Sahara gibt es doch gar keine Bäume.«
Meint der Mann voller Stolz: »Ja, sicher, jetzt nicht mehr.«

*

»Psychoanalyse – so ein Blödsinn!« schimpft ein Mann an der Bar vor sich hin.
»Wieso?« will der Gast auf dem Barhocker neben ihm wissen.
»Jetzt habe ich eine Behandlung von einem Jahr hinter mir, und heute behauptet mein Psychiater, ich wäre in meinen Regenschirm verliebt! Haben Sie schon mal so etwas Verrücktes gehört?«
»Nein«, gibt der andere zu.
»Es stimmt ja, daß uns eine aufrichtige und feste Zuneigung verbindet und ich ihn mit ins Bett nehme – aber von Liebe kann doch wirklich nicht die Rede sein!«

*

Der Patient flattert aufgeregt in der Praxis herum.
»Herr Doktor, ich glaube, ich bin ein Vogel. Was kann ich da bloß tun?«

Der Psychiater betrachtet den seltsamen Vogel stirnrunzelnd. »Fliegen Sie ins Wartezimmer, ich mache inzwischen in der Nervenklinik ein Nest für Sie frei!«

*

Der Psychiater lehnt sich zurück, preßt die Fingerspitzen gegeneinander und versucht, den verstörten jungen Mann, der vor ihm steht, zu beruhigen.
»Nur die Ruhe«, suggeriert er ihm. »Ich habe schon vielen geholfen, die noch schlimmere Probleme mit Wahnvorstellungen hatten... Wenn ich Sie also recht verstehe, dann leiden Sie darunter, daß Sie sich in Streßsituationen einbilden, Sie sind ein Hund. Ein Boxer, nicht wahr?«
»Ja, Herr Doktor«, murmelt der Patient. »Ein schöner, gestromter Boxer. Bitte helfen Sie mir. Ich komme wirklich nicht mehr allein zurecht!«
Der Psychiater zeigt auf die Couch. »Nun«, beschwichtigt er, »jetzt legen Sie sich mal hier hin, und dann wollen wir sehen, ob wir die Wurzel des Übels packen können.«
»Herr Doktor, das geht leider nicht«, bedauert der junge Mann. »Auf Polstermöbel darf ich nicht – das hat mir mein Frauchen strengstens verboten.«

Es rief die Sprechstundenhilfe:

»Der nächste Napoleon, bitte!«

Jeden Tag kommt ein Mann in das Wartezimmer des Psychiaters, schaut in den Schirmständer und geht wieder.
Als er endlich gefragt wird, was er denn eigentlich wolle, sagt er: »Wenn hier so oft Damen- und Herrenschirme zusammenstehen, müßte es doch endlich einmal Knirpse geben!«

Krollpfeifer beim Psychiater. »Herr Doktor, ich glaube, ich bin nicht normal. Ich habe nämlich die Zimmerdecke über meinem Bett mit lauter Pornofotos beklebt.«
»Na und? Da ist doch nichts dabei«, meint der Psychiater.
»Doch, Herr Doktor, ich schlafe nur auf dem Bauch.«

*

Ein junger Mann kommt zu einem Psychiater in die Sprechstunde. Während er dem Arzt seine Beschwerden vorträgt, schnalzt er immer wieder mit den Fingern.
»Warum tun Sie das?« forscht der Psychiater.
»Das vertreibt die Fledermäuse.«
»Aber hier sind doch gar keine Fledermäuse!«
»Na also!« ruft der junge Mann begeistert. »Da sehen Sie ja schon, wie gut das wirkt.«

Es gestand der Patient:

»Herr Doktor, ich bin in ein Pferd verliebt.«
»So? Was ist es denn, Stute oder Hengst?«
»Ein Hengst? Aber, Herr Doktor, ich bin doch nicht pervers!«

Der Psychiater will wissen: »Warum hält Ihre Familie Sie denn für verrückt?«
»Vermutlich, weil ich so gerne Spiegeleier mag«, überlegt der Patient.
»Aber das ist doch ganz normal. Ich mag auch gerne Spiegeleier.«
»Au fein, Herr Doktor, dann zeigen Sie mir doch mal Ihr Album, vielleicht können wir tauschen?«

WARUM KÖNNEN SIE DENN NICHT NAPOLEON, LINCOLN ODER SOCRATES SEIN? WIE ALLE ANDEREN AUCH?!

Die Patientin kommt völlig verstört zum Psychiater.
»Herr Doktor, ich träume Nacht für Nacht, ich wäre ein Pferd und fresse Heu – nichts als Heu!«
»Hm – und wie wirkt sich das sonst aus?« forscht der Psychiater.
»Es ist furchtbar«, stöhnt sie. »Meine Matratze wird von Tag zu Tag dünner!«

*

Kirchberger kommt zum Psychiater. »Herr Doktor, ich habe eine Vorliebe für Sardinen. Irgendwas zwingt mich innerlich, dauernd Sardinen zu essen.«
Meint der Psychiater: »Na, Sardinen sind doch sehr gesund.«
Darauf Kirchberger: »Schon, Herr Doktor, aber mit der Dose?«

Es flehte der Patient:

»Helfen Sie mir! Ich höre Stimmen, sehe aber niemanden.«
»Und wann ist das der Fall?«
»Immer wenn ich telefoniere, Herr Doktor!«

Eine Frau kommt zu einem Psychiater und vertraut ihm an, daß sie sich in einen Elefanten verliebt hat. Der Psychiater sieht die Dringlichkeit dieses Falles ein und beginnt sofort mit der Behandlung. Nach ein paar Monaten eröffnet er der Patientin, daß sie geheilt sei.
Strahlend sieht sie ihn an und bedankt sich überschwenglich. Nachdenklich meint sie dann: »Herr Doktor, wissen Sie nun vielleicht jemanden, der einen riesigen Verlobungsring braucht?«

»Hauptsache, Bubi hat seine Mutter lieb!«

oder

Sigmund Freud läßt grüßen

»Herr Doktor«, klagt Huber seinem Psychiater, »ich habe jede Nacht den gleichen Alptraum, bitte helfen Sie mir.«
»Was träumen Sie denn?« will der Psychiater wissen.
»Jede Nacht im Varieté tanzt eine Gruppe nackter, hübscher Ballettmädchen.«
»Na, und was ist daran so schlimm?« wundert sich der Psychiater. »Das ist doch ein höchst angenehmer Traum.«
»Haben Sie eine Ahnung, Herr Doktor – ich bin nämlich die dritte von links!«

*

Zwei Kollegen sind auf dem Weg zur Arbeit. »Mann, heute nacht hatte ich einen verrückten Traum«, erzählt der eine. »Es war mein zwölfter Geburtstag, meine Mutter gab mir dreißig Mark und sagte: Mach dir einen schönen Tag im Zoo.«
»Seltsam«, antwortet sein Freund, »ich habe geträumt, daß eine Rothaarige zu mir ins Bett stieg, später krabbelte noch eine Brünette unter die Decke. Und ich Trottel wußte nicht, was ich machen sollte.«
»Hättest du doch bloß bei mir angerufen«, meint der erste vorwurfsvoll.
»Das habe ich ja getan, aber deine Mutter meinte, du wärst in den Zoo gegangen.«

Es sagte die Patientin:

»Ach bitte, Herr Doktor, könnten Sie meine Persönlichkeit spalten? Ich bin so einsam.«

Der Patient hat dem Psychiater seine nächtlichen Probleme geschildert und meint abschließend: »Daß ich auf französisch träume, geht ja noch. Was mich aber aufregt und entsetzlich stört, sind die deutschen Untertitel!«

»Gnädige Frau«, sagt der Psychiater, der den einundzwanzigjährigen Sohn der wohlhabenden Dame untersucht hat, »nach eingehender Untersuchung habe ich festgestellt, daß Ihr Sohn einen stark entwickelten Ödipus-Komplex hat.«
»Ach wirklich?« erwidert sie. »Aber das ist ja sicherlich nicht so schlimm; Hauptsache, Bubi hat seine Mutter lieb!«

*

Der Psychiater ist sehr unzufrieden mit seinem Patienten und beschließt, ihm ganz offen die Meinung zu sagen.
»Kein Wunder, daß Sie so dick sind. Sie haben Ihr ganzes Leben auf Essen ausgerichtet. Auf Partys schlagen Sie sich voll, an Fußballspielen reizen Sie vor allem heiße Würstchen und Bier, vor dem Fernseher stopfen Sie sich mit Salzstangen voll...«
»Moment mal«, unterbricht ihn der Patient, »und hier bei Ihnen, während der Psychoanalyse, gibt es gar nichts?«

*

»Ich habe jede Nacht den gleichen Traum«, berichtet der Mann seinem Psychiater. »Ich befinde mich vor einem Tor, auf dem etwas geschrieben steht, und ich drücke und drücke, aber es geht nicht auf.«
»Komischer Traum«, meint der Psychiater. »Was steht denn auf dem Tor?«
»Bitte ziehen.«

Es sagte der Psychiater:

»Sie haben eine wirklich seltene, absolut klassische Paranoia.«
»Herr Doktor, ich bin eigentlich zu Ihnen gekommen, um mich behandeln zu lassen, und nicht, um von Ihnen bewundert zu werden!«

»Mein Sohn ist in jeder Hinsicht eine Ausnahmeerscheinung«, erzählt eine Mutter voller Stolz dem Psychiater. »Er raucht nicht, er trinkt nicht, er hascht nicht, er hat kein Motorrad, er hört kein Radio, er mag keine Popmusik, findet Fernsehen langweilig, interessiert sich nicht für Fußball, und er rennt nicht den Mädchen nach. Er hat eigentlich nur eine Leidenschaft: Er trägt für sein Leben gern Büstenhalter!«

*

Der Psychiater interessiert sich für die Familienverhältnisse seines Patienten. »Haben Sie noch Geschwister?«
»Ja, leider. Einen Zwillingsbruder. Und darunter habe ich immer gelitten.«
»Wie darf ich das verstehen?« fragt der Psychiater.
»Nun, ich wurde immer mit meinem Bruder verwechselt, und immer wurde ich für ihn bestraft. Zu Hause bekam ich für ihn die Prügel, in der Schule mußte ich für ihn nachsitzen. Die Mädchen spannte er mir aus, aus den Kneipen flogen wir heraus, nur weil er betrunken war. Schließlich bin ich für ihn auch noch im Gefängnis gelandet. Inzwischen kassierte mein Bruder meine Erbschaft und meine Freundin. Aber damit ist jetzt Schluß, ich habe ihm endlich alles heimgezahlt.«
»Wie denn?« forscht der Psychiater.
»Nun – vor vierzehn Tagen bin ich gestorben, aber ihn habe ich begraben lassen!«

*

»Ich habe jede Nacht einen schrecklichen Traum«, erklärt die Dame dem Psychiater. »Ich gehe splitternackt auf der Straße umher, habe nur einen riesigen Topfhut auf dem Kopf und treffe alle meine Bekannten...«
»Ich verstehe«, sagt der Psychiater nachdenklich, »und Sie glauben vor Scham in die Erde versinken zu müssen...«
»Und ob, Herr Doktor – Topfhüte sind doch völlig aus der Mode!«

Der Psychiater macht einen Assoziationstest mit seinem Patienten.
»Ich nenne Ihnen einen Gegenstand, und Sie sagen mir immer einen dazu passenden oder einen damit zusammenhängenden. Also. Holz.«
»Säge.«
»Brief.«
»Kuvert.«
»Gut. Und jetzt noch: Scheibenwischer.«
»Brüste.«
»Wie bitte?«
»Frauenbrüste.«
»Wo soll denn da der Zusammenhang sein?« fragt der Psychiater kopfschüttelnd.
»Ganz einfach, Herr Doktor: küssende Bewegung links – rechts, links – rechts.«

Es fragte der Psychiater:

»Leiden Sie unter sexuellen Vorstellungen?«
»Im Gegenteil, ich genieße sie.«

Routineuntersuchung in der Psychiatrischen.
»Sagen Sie, träumen Sie eigentlich viel?« erkundigt sich der Psychiater.
»Aber sicher, immer den gleichen Traum. Ich bin der größte Torwart der Welt, besser als alle anderen...«
»Träumen Sie denn nie von Frauen?«
»Um Gottes willen, in der Zeit könnte doch glatt ein Tor fallen!«

*

Zwei Amerikanerinnen sind auf einem Europatrip und kabeln ihrem Psychiater in New York von Paris aus:
Paris ist wundervoll – wir amüsieren uns großartig; bitte kabeln Sie sofort, warum.

HATTEN SIE IN
IHRER KINDHEIT EIN
ÄHNLICH UNANGENEHMES
ERLEBNIS?

Frau Seehofer kommt zum Psychiater.
»Also, mit der Krankheit meines Mannes begann es folgendermaßen: Ich hatte ein großes Kaninchen gekauft. Sonntag gab es Kaninchenbraten, am Montag Kaninchenschenkel, Dienstag Kaninchenreste, Mittwoch Kaninchenragout, am Donnerstag Kaninchenfrikadellen, und am Freitag hatten wir dann Kaninchensuppe. Und als ich am Samstag kein Kaninchenfleisch mehr hatte, schnupperte mein Mann den ganzen Tag aufgeregt in der Wohnung umher und schaute mich mit großen roten Augen an...«

*

Der junge Mann schildert dem Psychiater sein Traumerlebnis. »Jede Nacht, Herr Doktor, träume ich von einer vollbusigen Blondine, die mir verführerisch zuwinkt und verschwindet. Können Sie mir helfen?«
»Selbstverständlich«, meint der Psychiater. »Wir wollen zunächst einmal herauszufinden versuchen, warum Sie von der Dame träumen.«
Der junge Mann hat einen anderen Vorschlag. »Könnten wir nicht lieber herauszufinden versuchen, wo sie wohnt?«

*

Die hübsche Schwarzhaarige liegt auf der Couch des Psychiaters. Nach eingehender Untersuchung stellt er fest: »Sie sind eine gespaltene Persönlichkeit.«
»O ja«, meint sie, »das muß wohl stimmen. Das haben nämlich schon viele Männer bei mir festgestellt.«

*

Ein Mann kommt zum Psychiater und klagt: »Ich reise im Traum.«
»Aber das ist doch weiter nicht schlimm«, meint der

Psychiater, »das ist doch ein wunderbares Erlebnis!«
»Das sagen Sie!« schimpft der Mann. »Aber ich bin bis heute nicht zurück!«

Es sagte der Psychiater:

»Was soll das heißen, daß Sie heute nacht nicht geträumt haben? Wie soll ich Ihnen denn helfen, wenn Sie Ihre Hausaufgaben nicht machen?«

Der Psychiater macht mit seinem Patienten einen Test. Er zeigt ihm einen Tintenklecks nach dem anderen und fragt ihn, was er in ihnen sähe.
Der Patient antwortet: »Ein nacktes Mädchen – ein nacktes Mädchen auf dem Teppich«, und so weiter.
»Kommen Sie morgen wieder«, erklärt ihm der Psychiater, »ich muß erst mal Ihre Reaktionen studieren, bevor wir an die Therapie gehen.«
»Gut, Doktor«, sagt der Patient, »aber würden Sie mir einen Gefallen tun? Ich besuche heute abend einen Freund und würde ihm die Bilder auch gern mal zeigen!«

*

»Jede Nacht träume ich von einer tollen Sexbombe«, sagt Kirchberger zum Psychiater.
»Na und? Das ist doch ein schöner Traum!«
»Eben nicht! Die Sexbombe und meine Frau schlagen sich um mich, und immer gewinnt meine Frau!«

*

Eine Mutter kommt mit ihrem kleinen Jungen zum Psychiater, weil er sich seit der Geburt des kleinen Bruders so seltsam benimmt.

»Na, kleiner Mann«, sagt der Seelendoktor freundlich, »ist es nicht schön, daß du jetzt einen kleinen Bruder zum Spielen hast?«
»Sie sind wohl verrückt!« sagt der Junge. »Wenn ich mit ihm allein bin, schneide ich ihm die Ohren ab!«
»Nana, aber deine Mami, die magst du doch?«
»Die? Eines Tages werde ich ihr Benzin über den Kopf schütten und sie anzünden!«
»Und dein Papi?«
»Den hasse ich am allermeisten, damit Sie's nur wissen.«
Als der Psychiater sich Notizen macht, bemerkt der Kleine: »Interessanter Fall, was?«

*

»Herr Doktor«, sagt der junge Mann, »Nacht für Nacht habe ich den gleichen Traum: Wunderschöne Mädchen schleichen sich in mein Schlafzimmer und wollen mich verführen.«
»Und was machen Sie?« fragt der Psychiater.
»Ich scheuche sie weg.«
»Und was soll ich nun tun?« will der Psychiater wissen.
»Bitte, Herr Doktor«, fleht der junge Mann, »verhindern Sie das!«

*

Der Psychiater soll ein gerichtliches Gutachten über einen Mann erstellen, der bei einem schweren Einbruch geschnappt worden ist.
Der Einbrecher erklärt dem Spezialisten: »Herr Doktor, Sie werden bestätigt finden, daß ich das unglückliche Opfer meines Unterbewußtseins bin. In meiner Jugend hat mir meine Mutter einmal die Marmelade vorenthalten und dadurch einen libidinösen Komplex heraufbeschworen, der vermittels hinzutretender Komplikationen meine heutige Impulsivität bedingt. Ich sage Ihnen das, damit Sie nicht etwa denken, daß mich niederträchtige Gewinnsucht getrieben hat.«

»Seit Wochen«, klagt der Mann beim Psychiater, »war ich von dem Gedanken besessen, mein Geschlechtsteil in den Gurkenschneider zu stecken. Ich träumte davon, dann konnte ich nicht mehr schlafen. In der Gurkenfabrik konnte ich mich auf nichts mehr konzentrieren. Ich dachte immer nur an das eine. Gestern habe ich es getan.«
»Mein Gott«, stöhnt der Psychiater, »und was geschah?«
»Mir wurde sofort gekündigt.«
»Und was war mit dem Gurkenschneider?«
»Der ist natürlich auch entlassen worden.«

Es fragte der Professor:

»Kennen Sie den Unterschied zwischen einem Psychopathen und einem Neurotiker? – Der Psychopath weiß, daß zwei und zwei fünf sind. Der Neurotiker weiß, daß zwei und zwei vier sind, aber es ärgert ihn.«

»Ich habe ein Problem, Herr Doktor«, sagt errötend der junge Mann zu seinem Psychiater. »Jedesmal, wenn ich niesen muß, habe ich ungeheuer erotische Zwangsvorstellungen und sehe nackte Mädchen vor mir.«
»Und was haben Sie dabei getan?« will der Psychiater wissen.
Antwortet der Mann: »Niespulver genommen!«

*

Der Psychiater will einfach alles wissen.
»Sie träumen also regelmäßig von diesem attraktiven Mann«, sagt er eindringlich zu seiner Patientin, »aber was geschieht dann, was tun Sie miteinander? Wollen wir das nicht jetzt einmal zusammen machen?«

Bleich und übernächtigt sitzt Lettenthaler beim Psychiater. »Herr Doktor, helfen Sie mir«, fleht er. »Seit Wochen habe ich diesen schrecklichen Traum. Ich sitze splitternackt auf einem kahlen Felsen, und ein grauenhaftes Untier reißt mir das Fleisch stückweise aus dem Körper.« Der Psychiater denkt eine Weile angestrengt nach. Plötzlich sagt er: »Haben Sie sich vielleicht in der letzten Zeit mit Ihrer Steuererklärung beschäftigt?«

*

»Ich sehe nachts im Traum immer nackte Weiber«, beklagt sich der Mann beim Psychiater.
»Und von denen soll ich Sie wohl befreien?«
»Um Gottes willen, nein! Sie sollen nur dafür sorgen, daß sie nicht immer so die Tür zuknallen. Davon werde ich jedesmal wach.«

*

Der Patient hat sexuelle Probleme. Um ihm zu helfen, fordert der Psychiater ihn auf, sich auf die Couch zu legen und sich alle möglichen sexuellen Situationen vorzustellen.
»Also, Sie liegen gemütlich auf einem weichen Fell in einem gut riechenden, prächtigen orientalischen Schlafzimmer, leise Musik ist im Hintergrund zu hören. Sie träumen vor sich hin, denn Sie haben seit fünf Jahren keine Frau mehr gesehen und fühlen sich sehr einsam. Die Tür öffnet sich leise. Fast unhörbar kommt das schönste Mädchen herein, das Sie je gesehen haben. Sie hat große blaue Augen, langes schwarzes Haar und eine traumhafte Figur. Sie hat kaum etwas an. Sie riechen ihre Haut, und Sie hören sie atmen. Sie streichelt Ihr Haar. Eine wilde Leidenschaft erfaßt Sie. Sie nehmen sie in die Arme, küssen sie und drücken sie an sich. – Können Sie mir folgen?«
»Ja«, sagt der Patient, »nur eines macht mir zu schaffen: Was würde Mama dazu sagen?«

INTERESSANT!
ER KOMMT SICH
ALSO KLEIN VOR.
Grosse

Der Psychiater hat dem jungen Mädchen geraten, sich ihre Träume gut zu merken bis zur nächsten Sitzung. Und sie träumt...
Ein männlicher, gutaussehender Engel fliegt in ihr Zimmer und nimmt sie zärtlich in die Arme. Zusammen fliegen sie dann fort, hinauf auf ein prächtiges Wolkenschloß. Der Engel wird zärtlich, küßt sie und zieht sie aus und trägt sie dann hinüber zu einem wunderschönen Himmelbett.
Etwas ängstlich fragt sie: »Und was machen wir jetzt?«
Darauf der Engel: »Ist mir egal. Schließlich ist das dein Traum!«

*

Frau Korff hat ein Gemütsleiden und konsultiert einen Psychiater.
»Haben Sie eine Liebhaberei?« fragt der.
»Aber nein«, erwidert Frau Korff entrüstet. »Wie kommen Sie denn auf die Idee, daß ich ein Freudenhaus habe?«

Es seufzte die Patientin:

»Ach, Herr Doktor, alles fing damit an, daß es damit aufhörte!«

Ein Kannibale kommt zum Psychiater.
»Ich leide an Weltschmerz, Herr Doktor«, sagt er tiefunglücklich.
»Hm, was verstehen Sie denn unter Weltschmerz?« fragt der Psychiater. »Schildern Sie mir doch einmal die Symptome.«
»Ganz einfach«, sagt der Kannibale, »so oft ich einen Menschen sehe, kann ich nur noch eines denken: Ich habe die Menschen alle so satt bis obenhin...«

Ein nervöser junger Mann mit leichten Wahnvorstellungen kommt zum Psychiater. Der unterwirft ihn zuerst einem Assoziationstest. Auf jedes Wort muß der Patient sofort mit dem antworten, das ihm dazu einfällt.
Der Psychiater beginnt also: »Wasser.«
»Badende«, antwortet der junge Mann.
»Bett«, sagt der Psychiater.
»Nackte Frau.«
»Turm«, schlägt der Psychiater vor.
»Aber Herr Doktor.« Der junge Mann errötet.
»Nun gut, machen wir etwas anderes.« Der Psychiater zeichnet einen Kreis auf und fragt: »Woran denken Sie dabei?«
»An einen weiblichen Busen.«
»Und dabei?« Der Psychiater zieht einen Strich und setzt einen Punkt darüber.
»An eine nackte Frau«, sagt der Patient.
Der Psychiater zeichnet eine Wellenlinie. »Und dabei?«
»Oh«, stöhnt der Mann. »An eine nackte, liegende Frau.«
Der Psychiater legt den Bleistift hin, lehnt sich zurück und sagt: »Nackte Frauen scheinen eine Wahnidee bei Ihnen zu sein.«
»Na, hören Sie mal«, empört sich der junge Mann. »Wer hat mir denn diese ganzen Schweinereien gesagt und sogar noch aufgezeichnet?«

*

»Ich habe einen Traum, der immer wiederkehrt und mich sehr beunruhigt«, klagt der Patient seinem Psychotherapeuten. »Es ist das Jahr zweitausendvier, ich steige in meinen Keller runter, öffne das Zahlenschloß, wuchte die Panzertür auf, betrete den kleinen Raum, nehme eine Flasche aus dem Regal, lese das Etikett im Strahl meiner Taschenlampe und sage verzückt zu mir selbst: ›Ah, neunzehnhundertsechsundneunzig! Ein ganz großer Benzin-Jahrgang!‹«

Drei Damen sitzen mit ihren Kindern beim Psychiater zur Gruppentherapie.
Sagt der Psychiater zu seinen Patientinnen: »Sie sind alle auf etwas fixiert. Sie zum Beispiel«, und damit wendet er sich an die erste Dame, »Sie sind auf Katzen fixiert, darum rufen Sie Ihre kleine Tochter ja auch immer Muschi.« Er schaut die zweite Dame an. »Und Sie sind eindeutig auf Geld fixiert. Hätten Sie sonst Ihren Sohn auf den höchst ungewöhnlichen Namen Mark taufen lassen?«
Da steht die dritte Dame auf, nimmt ihren kleinen Sohn bei der Hand und sagt leise zu ihm: »Komm, wir gehen, Johannes.«

*

Der junge Mann hat das Gefühl, es nicht mehr länger aushalten zu können. Er geht zum Psychiater, um sich Rat zu holen. »Ich gehe nun schon ziemlich lange mit dieser Blondine«, sagt er. »Als ich sie kennenlernte, hielt ich sie für ein völlig normales Mädchen und nicht für eine vom Sex besessene Frau. Jetzt aber halte ich es nicht mehr aus. Es geht einfach nicht mehr. Jeden Abend treffen wir uns, fahren mit meinem Wagen ins Grüne, und dann will sie, daß ich an einer abgelegenen, ruhigen Stelle halte. Dann sagt sie, ich soll meinen Arm um sie legen, und wenn ich das getan habe, dann nimmt sie meine Hand und drückt sie ganz fest.«
»So, so, und was dann?« will der Psychiater wissen.
»Und was dann?« wiederholt der junge Mann völlig verblüfft. »Wieso – gibt's denn noch mehr?«

»Reden Sie mal mit dem Mund voller Parkgroschen!«

oder

Verrückt sind immer nur die anderen

Eine Frau kommt ganz verzweifelt zum Psychiater.
»Herr Doktor, helfen Sie mir – mein Mann glaubt, er sei ein Pferd. Morgens will er Hafer. Mittags wiehert er, und abends soll ich ihn beschlagen.«
»Das kriegen wir wieder hin«, sagt der Psychiater zuversichtlich, »aber die Behandlung dauert lange und ist ziemlich kostspielig.«
Darauf die Frau: »Geld spielt keine Rolle. In letzter Zeit gewinnt er jedes Rennen.«

Es sagte der Ehemann:

»Was kann ich tun, Herr Doktor? Meine Frau glaubt, sie sei ein Auto.«
»Wie alt ist sie denn?«
»Sechzig.«
»Verschrotten!«

Die Mutter bringt ihre kleine Tochter zum Psychiater und erklärt ihm, daß sich ihr Kind einbilde, ein Huhn zu sein.
Der Nervenspezialist beschwichtigt sie, setzt ihr auseinander, daß Tagträume bei Kindern nichts Ungewöhnliches seien, und erkundigt sich, wie lange das Mädchen diese Vorstellung denn schon habe.
»Zwei Jahre«, antwortet die Mutter.
Der Psychiater glaubt sich verhört zu haben. »Ihre Tochter bildet sich schon seit zwei Jahren ein, daß sie ein Huhn ist?« fragt er ungläubig. »Warum sind Sie denn nicht schon früher gekommen?«
Die Mutter ist etwas verlegen. »Wissen Sie, Herr Doktor, wir konnten die Eier so gut gebrauchen.«

Frau Nilius kommt nicht mehr mit ihrem Mann zurecht und will sich beim Psychiater Rat holen.
»Mein Mann ist ganz wahnsinnig mit seiner Musik!« erklärt sie dem Psychiater.
Der sieht darin nichts Außergewöhnliches. »Aber es ist doch normal, daß manche Leute Musik sehr mögen!«
»So?« meint Frau Nilius gedehnt. »Ist das auch normal, wenn er von Hamburg nach Wien fährt, nur um seine Fahrradklingel von den Sinfonikern stimmen zu lassen?«

*

Eine Frau kommt mit einem Staubsauger zum Psychiater. Ärgerlich sagt dieser: »Da sollten Sie aber doch lieber zu einem Elektriker gehen!«
»Tja, das meint mein Mann auch«, erwidert die Frau. »Aber mir persönlich wäre es lieber, wenn *Sie* ihn heilen würden, denn seit er sich einbildet, ein Staubsauger zu sein, ist er überhaupt nicht mehr zärtlich!«

Es klagte die Ehefrau:

»Herr Doktor, mein Mann bildet sich ein, er sei ein Ufo.«
»Schicken Sie ihn zu mir.«
»Und wo kann er landen, Doktor?«

Mitten in der Nacht klingelt beim Psychiater das Telefon. Eine aufgeregte Stimme tönt aus dem Hörer.
»Kommen Sie schnell, Herr Doktor. Einer unserer Gäste macht uns große Sorgen.«
»Sieht er etwa weiße Mäuse?« fragt der Psychiater spöttisch.
»Das ist es ja. Eben nicht! Und dabei ist unser ganzes Zimmer voll davon!«

STIMMT'S,
SIE SIND DER
UNSICHTBARE ?!
frosse

Klagt ein Mann seinem Kollegen: »Meine Frau hält mich für verrückt.«
»Na, na«, meint der andere beruhigend, »wie kommt sie denn auf die Idee?«
»Ach, ich weiß auch nicht«, seufzt der Ehemann, »sie will den Weihnachtsbaum vom vorigen Jahr aus dem Wohnzimmer räumen, dabei ist der wirklich noch ganz gut.«

*

Eine Frau kommt mit einem Papagei im Käfig zum Psychiater. Entrüstet meint der Nervenspezialist: »Also, hören Sie mal, Sie sind doch hier nicht bei einem Tierarzt!«
»Das nicht«, meint sie zögernd. »Aber vielleicht können Sie meinem Mann helfen, er bildet sich nämlich ein, ein Papagei zu sein.«

*

Ein Mann kommt zum Psychiater und bittet ihn, seine Frau zu behandeln. Der Psychiater gibt ihm einen Termin in vier Wochen.
»Bitte, Herr Doktor, geht es nicht früher?« erkundigt sich der Ehemann.
»Wieso ist es denn so dringend? Was hat Ihre Frau denn?«
»Sie bildet sich ein, sie sei ein Kühlschrank. Und ich halte es keine Nacht mehr länger aus, neben ihr zu schlafen.«
»Aber Sie werden doch nicht etwa frieren neben ihr?« meint schmunzelnd der Psychiater.
»Nein, das nicht. Aber sie schläft mit offenem Mund, und das kleine Licht darin, das stört mich die ganze Nacht.«

*

Ein Mann kommt zum Psychiater. »Stellen Sie sich vor, Herr Doktor, meine Frau bildet sich ein, sie sei Marilyn Monroe.«

»Das ist doch nicht schlimm«, meint der Psychiater.
»Schon, aber sie verlangt jetzt von mir, ich soll Theaterstücke schreiben wie Arthur Miller.«

*

Die Ehefrau hat ein Problem.
»Herr Doktor, was soll ich nur tun?« fragt sie den Psychiater. »Mein Mann bildet sich ein, er sei eine Stehlampe, stellen Sie sich so etwas vor!«
»Treten Sie ihm kräftig auf den Fuß«, rät der Psychiater, »dann kommt er wieder zu sich.«
»Aber, Herr Doktor, wie stellen Sie sich das denn vor?« meint sie ganz entrüstet. »Dann sitze ich doch im Dunkeln!«

*

Im Büro unterhalten sich zwei Kollegen.
»Ich glaube, ich muß meine Frau zum Psychiater schikken«, meint der eine sorgenvoll.
»Warum denn das?« will der andere wissen.
»Ihre Sauberkeit hat ein geradezu unerträgliches Maß angenommen, es ist nicht zum Aushalten!«
»Aber das ist doch kein Grund, sie zum Psychiater zu bringen«, wundert sich der Kollege.
»Hast du 'ne Ahnung. Neuerdings streut sie sogar Vogelsand unter die Kuckucksuhr!«

*

»Es gibt keinen Tag, an dem mein Mann es versäumt, seinen Wagen zu waschen«, beklagt sich die Ehefrau beim Psychiater.
»Mancher tut das nie«, gibt der Psychiater zu bedenken. »Sie sollten froh sein, daß Ihr Mann seinen Wagen so gut pflegt.«
»Das schon«, seufzt die Ehefrau, »wenn er es doch nur nicht immer im Badezimmer täte!«

»Helfen Sie mir, Herr Doktor«, sagt eine aufgeregte Dame zum Psychiater. »Mein Mann bildet sich ein, er sei der Wolf aus dem Märchen vom Rotkäppchen.«
»Na, so schlimm wird es doch nicht sein«, meint der Psychiater.
»Nicht so schlimm?« stöhnt sie. »Er hat jetzt Appetit auf die Großmutter!«

*

Beim Psychiater. Auf dem Kopf trägt der Patient eine Pizza, darauf ein Spiegelei. An seinen Ohren hängen Kirschen, um seinen Hals baumelt eine Würstchenkette.
»Wie kann ich Ihnen helfen?« fragt der Psychiater.
Der Mann verbessert freundlich: »Herr Doktor, es handelt sich nicht um mich, sondern um meinen jüngeren Bruder.«

Es sagte der Vater:

»Mein Sohn verdankt alles mir. Er hat eine Villa, drei Autos, einen Schrank voller Maßanzüge und einen Psychiater.«
»Und worüber spricht er mit dem Psychiater?«
»Über mich.«

Eine Frau kommt zum Psychiater.
»Stellen Sie sich vor«, sprudelt sie heraus, als sie endlich im Sprechzimmer sitzt, »mein Mann nimmt immer zwölf Segelschiffe mit in die Badewanne...«
Der Psychiater ist nicht sehr beeindruckt. »Aber das ist doch nichts Auffälliges. Ein harmloses Hobby.«
Die Ehefrau ist anderer Meinung. »Na, und vorher ruft er immer die Wetterwarte an«, sagt sie triumphierend, »und läßt sich den neuesten Seewetterbericht geben!«

DR. S.A.T
CARAVELLI
DIPL. PSYCH.
PRÜFER KL. I+II
SEIT WANN, HERR HITZ, GLAUBEN SIE DENN, LINIEN PILOT ZU SEIN?
Grosse

»Sie müssen meinem Mann helfen«, bittet die Ehefrau den Psychiater. »Er will den ganzen Tag Bananen essen ...«
»Ist das so schlimm? Bananen sind doch sogar gesund!«
»Das stimmt«, sagt sie leise, »aber doch nicht die von der Tapete.«

*

Eine Frau kommt aufgeregt zum Psychiater in die Sprechstunde. »Stellen Sie sich vor, Herr Doktor, mein Mann hebt an jeder Laterne ein Bein – seit zwei Jahren bildet er sich nämlich ein, er sei ein Hund!«
»Seit zwei Jahren schon?« Der Psychiater legt die Stirn in Falten. »Warum sind Sie denn nicht eher zu mir gekommen?«
»Na ja«, meint die Ehefrau, »bis jetzt hat er nur gebellt ...«

Es sagte die Besucherin:

»Herr Doktor, ich bringe Ihnen einen Patienten, der sich einbildet, eine Parkuhr zu sein.«
»Interessant. Und warum sagt er mir das nicht selbst?«
»Weil er den Mund voller Groschen hat.«

Ein Mann beklagt sich beim Psychiater: »Meine Frau hat eine schreckliche Angewohnheit. Sie nimmt ihre beiden Hunde immer mit ins Schlafzimmer. Es ist ja gar nicht so sehr wegen der Flöhe, auch nicht, weil sie morgens immer so früh bellen ... es ist der unangenehme Geruch, der mir so auf die Nerven geht.«
»Aber das ist doch überhaupt kein Problem, Sie brauchen doch nur das Fenster zu öffnen«, gibt der Psychiater zu bedenken.

Der Mann macht ein entsetztes Gesicht. »Ausgeschlossen, Herr Doktor, dann fliegen mir doch alle meine Tauben davon!«

*

»Wissen Sie eigentlich, daß Sie Ihrer Frau viele schlaflose Nächte bereiten?« fragt der Psychiater den Ehemann. Wundert sich der: »Das kann ich mir aber gar nicht vorstellen, Herr Doktor. Ich bin fast keine Nacht zu Hause!«

*

»Mein Mann«, klagt die junge Frau dem Psychiater ihr Leid, »hat eine schreckliche Angewohnheit. Jeden Abend, wenn wir ins Bett gehen, reißt er die Laken aus den Betten, knotet sie mit einem Ende um seine Knöchel, nimmt die diagonalen Enden in die Hände, und dann flattert er durchs Zimmer und brüllt: ›Ich bin ein Schmetterling! Wo ist die nächste Blüte?‹ «
»Und was stört Sie daran?« fragt der Psychiater etwas geistesabwesend.
»Daß er mich aus dem Bett schubst und schreit: ›Ich will eine Blüte! Ich will eine Blüte!‹ «

*

Der Psychiater versucht seinen Patienten zu beruhigen. »Das gibt es wirklich nicht, daß Ihre Frau in einen Elefanten verliebt ist. Das wäre doch zu verrückt.«
»Sie haben recht, Herr Doktor, ich kann es auch nicht mehr glauben«, versichert der Mann. »Aber jetzt müssen Sie mich bitte entschuldigen, ich muß schnell noch etwas besorgen. Meine Frau strickt gerade einen Pullover, und ich muß ihr noch achthundert Knäuel Wolle mitbringen.«

Eine Frau sucht Rat beim Psychiater. »Mein Mann spricht ständig mit sich selbst«, berichtet sie.
»Das tun viele«, beruhigt sie der Psychiater.
»Mag ja sein«, meint die Frau, »aber mein Mann ruft sich dazu selber an!«

*

Frau Wolter kommt allein zum Psychiater. Auf seine ersten Fragen antwortet sie ganz erstaunt: »Nein, Herr Doktor, nicht ich bin der Patient – hier mein Mann ist es. Er bildet sich nämlich ein, er wäre unsichtbar.«

*

»Ich möchte Sie wegen meines Mannes um Rat fragen«, beginnt die Ehefrau, die zu dem Psychiater in die Sprechstunde gekommen ist. »Ich glaube, sein Zustand ist ziemlich bedenklich und er braucht die Hilfe eines Spezialisten.«
»Was hat Ihr Mann denn?« fragt der Psychiater.
»Er bläst immer Rauchringe.«
Der Psychiater kann mit dieser Auskunft nicht allzuviel anfangen. »Ja, aber gnädige Frau, wenn das alles ist, besteht kein Grund, sich Sorgen zu machen. Ich bitte Sie – Rauchringe! Die bläst doch jeder Raucher.«
»Das kann schon sein«, meint die Ehefrau, »aber mein Mann raucht ja gar nicht.«

*

Junghans erscheint beim Psychiater – eine Hand in der Weste, Hut mit Breitseite auf dem Kopf.
Der Psychiater fragt: »Was kann ich für Sie tun?«
Junghans meint: »Für mich nichts. Ich habe alles, Ruhm, Macht, Reichtum – als Napoleon werde ich in die Geschichte eingehen. Aber meine Frau macht mir Sorgen – sie hält sich für eine Frau Junghans!«

»Man tut, was man nicht lassen kann!«
oder
Therapie und Praxis

Zwei Psychiater treffen sich. Es dauert nicht lange, bis sie in ein Fachgespräch vertieft sind.
»Wissen Sie, ich beginne die Behandlung damit, daß ich den Patienten frage, ob er Schach spielt. Spielt er, dann verbiete ich es ihm. Spielt er nicht, dann verordne ich es ihm.«
»Ja, aber warum denn das?« fragt der Kollege erstaunt.
»Keine Ahnung. Aber bis jetzt hat es immer geholfen.«

Es sagte der Psychiater:

»Natürlich kann ich Sie von Ihren ständigen sexuellen Phantasiebildern befreien, aber ich warne Sie – Sie kriegen diese herrlichen Phantasien dann niemals wieder!«

Überschwenglich bedankt sich der Patient bei seinem Psychiater. »Einfach fabelhaft, wie Sie mich von meiner leidenschaftlichen Spielsucht befreit haben.« Er holt eine Münze aus der Tasche. »Und nun zu Ihrem Honorar, Herr Doktor. Bei Kopf zahle ich das Doppelte, bei Zahl war die Behandlung kostenlos – einverstanden?«

*

Zwei überzeugte Anhänger der Psychoanalyse tauschen ihre Erfahrungen aus.
»Kennen Sie die Kino-Therapie von Dr. Lindenfels?« fragt der eine.
»Ja, aber ich bin nicht so ganz überzeugt davon. Er hatte beispielsweise eine Patientin, die sich einbildete, Kleopatra zu sein. Die schickte er so lange in den Film ›Kleopatra‹, bis sie merkte, daß sie es nicht war.«
»Aber das ist doch ein großartiger Erfolg!«
»Nur teilweise. Die Patientin glaubt jetzt, sie wäre Elizabeth Taylor.«

Zwei Freunde treffen sich. Der eine ist tief deprimiert. »Ich mache dauernd in die Hosen«, jammert er.
Der Freund empfiehlt ihm einen praktischen Arzt. Doch dessen Erfolge sind bescheiden. Auch ein Internist bleibt glücklos und kann nicht viel ausrichten.
Ein paar Wochen später treffen sich die Freunde auf einer Party wieder. Der Kranke strahlt über das ganze Gesicht.
»Na, was ist?« erkundigt sich der Freund.
»Ich war bei einem Psychotherapeuten«, sagt der Befragte lachend.
»Was, der hat dich geheilt?« staunt der Freund.
»Nein. Ich mache immer noch in die Hose«, verkündet der andere, »aber jetzt mit dem allergrößten Vergnügen!«

*

»Herr Doktor«, jammert die hysterische Patientin, »ich kann und kann abends nicht einschlafen, keine Medikamente helfen, ich habe immer diese Angstzustände. Bis spät nachts renne ich in der Wohnung herum.«
»Liebe Frau Merkler, Sie müssen sich einfach überwinden«, sagt der Psychiater sehr ernst. »Sie müssen unbedingt früher ins Bett. Gehen Sie doch einmal mit den Hühnern schlafen.«
»Das habe ich ja schon versucht«, meint die Patientin, »aber das Gegackere macht mich verrückt!«

Es sagte der Snob:

»Bevor ich zu meinem Psychiater ging, war ich der eingebildetste, arroganteste und überheblichste Mensch der Welt. Dann hat er mich geheilt, und jetzt gibt es einfach keinen netteren Kerl als mich!«

Der Psychiater hat einen Kollegen zu Rate gezogen, weil er nicht recht weiß, wie er mit seinem Patienten weiterkommen soll.
»Herr Kollege, dieser Mann hat die hartnäckige Zwangsvorstellung, unsterblich zu sein. Was schlagen Sie zur Behandlung vor?«
Der Kollege überlegt kurz. »Wir müssen ihn vom Gegenteil überzeugen.«

Es sagte der Psychiater:

»Um wieder gesund zu werden, müssen Sie sich richtig in Ihre Arbeit reinknien.«
Der Patient voller Entsetzen: »Ich bin doch Betonmischer!«

Eine Frau ist wegen Kleptomanie bei einem Psychiater in Behandlung.
Vier Wochen nach Beendigung der Therapie trifft der Psychiater den Ehemann. »Na, wie geht es Ihrer Frau?« erkundigt er sich.
»Wunderbar!« Der Mann strahlt. »Seitdem sie bei Ihnen war, stiehlt sie nur noch Sachen, die wir auch wirklich gebrauchen können!«

*

Nach langer Behandlung fragt der Psychiater seine Patientin: »Glauben Sie nun immer noch, Sophia Loren zu sein?«
»Aber nein, Herr Doktor«, versichert sie.
»Dann können wir also die Behandlung beenden.«
»Herzlichen Dank«, sagt die Patientin. »Und die Rechnung schicken Sie bitte an Carlo Ponti.«

Aus Bequemlichkeit läßt der Psychiater seine Patienten ihre Probleme auf Tonband sprechen. Er sitzt inzwischen in der Bar und trinkt ein paar Gläschen.
Sein neuester Patient jedoch läßt sich kurz nach Beginn der vierten Behandlung neben ihm auf einem Barhokker nieder und sagt fröhlich: »Hallo, Herr Doktor, mein Tonband erzählt jetzt Ihrem Tonband meine Probleme!«

*

»Sie müssen sich eine ganz leichte, rein mechanische Arbeit suchen«, rät der Psychiater seinem Patienten.
Nach drei Wochen kommt der Mann wieder, nervöser und gestreßter als zuvor.
»Haben Sie meinen Ratschlag befolgt?« erkundigt sich der Psychiater. »Was machen Sie denn jetzt?«
Der Mann seufzt tief. »Ich sortiere Nähnadeln: dicke, halbstarke und dünne.«
»Na also«, meint der Psychiater zufrieden. »Das ist doch eine ruhige Beschäftigung.«
»Ruhig, Herr Doktor? Ich bitte Sie – immer diese Entscheidungen!«

*

Roland geht zum Psychiater. Er ist moralisch am Boden zerstört. Der Psychiater versucht ihn wieder aufzurichten.
»Sie sollten sich ein Mädchen suchen, das das gleiche Hobby hat wie Sie.«
»Aber, Herr Doktor«, sagt Roland, »was soll ich denn mit einem Mädchen anfangen, das dauernd hinter anderen Mädchen herpfeift?«

SCHÖN, SCHÖN HERR HUBER – ABER WAS BITTESCHÖN IST IHR PROBLEM?
Grosse

Der Psychiater hat sich lange mit der Ehefrau beschäftigt, jetzt bittet er den Ehemann herein und rät ihm, alle Wünsche seiner Frau zu erfüllen. Nur auf diese Weise ließe sich ihre krankhafte Nervosität und Gereiztheit heilen.
Einen Monat später kommt der Ehemann allein in die Sprechstunde des Psychiaters.
»Ich habe Ihren Rat befolgt, Herr Doktor. In der ersten Woche wünschte sich meine Frau einen Nerzmantel – ich habe ihn gekauft. In der zweiten Woche wollte sie ein Bauernhaus auf dem Land – ich habe es für sie erstanden. Dann drängte sie mich, ihr einen Jaguar zu kaufen – auch das habe ich getan. Und dann gestern abend ...«
»Ihre Gattin hatte wieder einen Wunsch?«
»Ja. Sie war einfach unausstehlich und wünschte schließlich, sie wäre am liebsten tot. Ich habe ihr einen Revolver besorgt ...«

Es sagte die Nymphomanin:

»Wenn Sie es genau wissen wollen, Herr Doktor: Bis zu meinem vierten Lebensjahr haben mich Männer überhaupt nicht interessiert.«

Der Psychiater stellt fest, daß seine Patientin, die sonst immer sehr elegant angezogen ist, plötzlich sehr einfach gekleidet in seiner Praxis erscheint. Er ist sehr beunruhigt.
»Sagen Sie, gnädige Frau, bei dieser fürchterlichen Kälte kommen Sie zu mir ohne Ihren Nerzmantel? Was ist denn geschehen?«
Die Patientin sieht ihn vorwurfsvoll an. »Da können Sie einmal sehen, daß es mir wesentlich besser ging, bevor Sie mich von meiner Kleptomanie geheilt haben!«

Der Psychiater versucht, den übernervösen Patienten mit Hypnose zu kurieren.
»Sie wollen schlafen ... entspannen Sie sich ... Sie werden immer müder ... Ihre Glieder werden ganz schwer ... jetzt schlafen Sie ... Sie träumen von der Riviera, von Palmen und schönen Mädchen ... Sie leben jetzt an der Riviera ...«
Unruhig wälzt sich der Patient herum und murmelt: »Und was kostet dort ein Zimmer mit Bad und Vollpension?«

*

Ein junger Ehemann kommt zum Psychiater und beklagt sich über häufig auftretende Impotenz.
»Nun«, sagt der Psychiater nach einer Weile des Nachdenkens, »bevor Sie sich entschließen, eine psychoanalytische Behandlung zu beginnen, die schließlich langwierig und mit hohen Kosten verbunden ist, sollten Sie es vielleicht einmal mit einem bekannten volkstümlichen Mittel versuchen. Haben Sie es beispielsweise schon einmal mit Muscheln probiert?«
»Die taugen nichts, Herr Doktor«, antwortet der Mann sofort, »ich habe in der letzten Nacht ein Dutzend Muscheln gegessen – und nur mit den ersten sechs hatte ich Erfolg!«

Es sagte der Ehemann:

»Meine Frau ist endlich geheilt. Ein tüchtiger Psychiater hat sie von ihrem Leiden befreit.«
»Wie hat er sie denn behandelt?«
»Gar nicht. Er hat ihr nur gesagt, ihr Leiden sei eine Alterserscheinung.«

Der Psychiater sagt zu seiner Patientin, die an der Wahnvorstellung leidet, tot zu sein: »Sagen Sie, glauben Sie, daß eine Leiche Schmerz empfindet?«
»Nein, das kann ich mir nicht vorstellen«, meint die Patientin.
Daraufhin nimmt der Psychiater eine Nadel und sticht sie ihr ins Bein. Die Patientin schreit laut auf vor Schmerz.
»Sehen Sie!« triumphiert der Psychiater. »Was sagen Sie jetzt?«
»Ich muß zugeben, Sie haben recht«, sagt sie. »Leichen können doch Schmerz empfinden.«

*

Frau Schneller kommt zum Psychiater.
»Na«, sagt der, »wie geht es Ihrem Mann? Ist er immer noch so zerstreut, oder hat es sich schon gebessert?«
Frau Schneller darauf: »Gebessert? Im Gegenteil. Stellen Sie sich vor, heute morgen kommt er in die Küche, nimmt den Teelöffel in die Hand, schlägt ihn mir auf den Kopf und küßt das Frühstücksei.«

*

Der Psychiater preist seine wunderbaren Erfolge, die er bei einem Patienten mit Behandlung durch Suggestion gehabt hat.
»Das kann ich nur bestätigen«, meint daraufhin ein Kollege. »Ich hatte einen Patienten, der unbedingt in ein warmes Klima sollte, aber kein Geld für eine Reise in den Süden hatte. Ich habe ihm eine riesige Sonne an die Decke seines Zimmers malen lassen und ihm suggeriert, daß sie starke Hitze ausstrahlt.«
»Und es hat geholfen, nicht wahr?« fragt der andere gespannt.
»Ja, natürlich. Nach ein paar Tagen ist der Mann an einem Sonnenstich gestorben.«

HEUTE
GRUPPEN-THERAPIE
DIE NÄCHSTE
GRUPPE BITTE.

Der Psychiater hat die Behandlung der jungen Patientin abgeschlossen und meint: »Dabei wollen wir es bewenden lassen. Die Hemmungen, die Sie jetzt noch haben, werden Sie brauchen.«

*

Der Psychiater sagt zum Pfarrer: »Sie brauchen Tapetenwechsel. Ziehen Sie sich doch mal einen weltlichen Anzug an und gehen Sie in einen Nachtklub, das wird Sie entspannen.«
Mit gemischten Gefühlen geht der Pfarrer auf den Vorschlag ein. Da kommt eine Oben-ohne-Bedienung an seinen Tisch und sagt: »Grüß Gott, Herr Pfarrer.«
Der Pfarrer wird bleich. »O Gott, woher wissen Sie, daß ich Pfarrer bin?«
»Ja, erkennen Sie mich denn nicht?« fragt die Bedienung. »Ich bin doch Gemeindeschwester. Wie geht's denn unserem Psychiater?«

Es sagte der Psychiater:

»Und vor allem, ärgern Sie sich nicht. Werfen Sie einfach alles, was Sie ärgert, aus dem Fenster.«
»Danke, Herr Doktor, ich werde Ihren Rat beherzigen. Vor allem, wenn Ihre Rechnung kommt.«

»Man tut, was man kann«, erzählt ein Psychiater seinem Kollegen. »Ich hatte einen Patienten, der kam zu mir und sagte: Meine Mutter liebt mich nicht. Mein Vater liebt mich nicht. Aber ich habe mich eigentlich sehr gern.«
»Und? Haben Sie ihm helfen können?« will der Kollege wissen.
»Aber natürlich«, bestätigt der Psychiater, »heute findet er sich selbst auch zum Kotzen.«

Ein Mann bringt seine Frau zum Psychotherapeuten. »Sie müssen ihr helfen, Herr Doktor. Sie ist immer so schwermütig, deprimiert, unlustig und nervös. Sie ist mit nichts aufzuheitern. Ich schaffe es nicht, dabei habe ich schon alles mögliche versucht.«
Der Psychiater testet die Ehefrau eine Weile. Zum Schluß legt er sanft die Arme um sie und küßt sie leidenschaftlich. In diesem Moment fangen ihre Augen an zu strahlen.
»Sehen Sie«, sagt der Psychotherapeut zu dem Ehemann, »das ist es, was ihr gefehlt hat. Diese Therapie sollten Sie Ihrer Frau am besten täglich angedeihen lassen.«
»Großartig«, meint der Mann. »Und um wieviel Uhr, Herr Doktor, würde es Ihnen immer passen?«

*

»Oh, Herr Doktor, Sie glauben, ich bin wirklich geheilt?« seufzt die Patientin glücklich auf.
»Gewiß«, bestätigt der Psychiater. »Ich bin ganz sicher, wir haben Ihre Kleptomanie jetzt im Griff.«
»Herr Doktor, ich bin Ihnen ja so dankbar!« jubelt die Patientin. »Ich weiß gar nicht, wie ich Ihnen für Ihre Mühe danken soll.«
»Alles, was ich erwarte, ist mein Honorar«, erwidert der Psychiater freundlich. »Aber falls Sie einmal einen Rückfall haben – dann dürfte ich vielleicht um ein goldenes Feuerzeug bitten.«

*

Koller kommt zum Psychiater und klagt: »Mich quält mein Gewissen, Herr Doktor. Ich kann meinem Verlangen nach Frauen keinen eisernen Willen entgegensetzen.«
Meint der Psychiater: »Das ist kein Problem, ich werde Ihren Willen kräftigen.«
»Aber nein«, schreit Koller entsetzt auf, »schwächen Sie lieber mein Gewissen!«

Es sagte der Psychiater:

»Lieber Kollege, haben Sie schon von meiner neuentwickelten Schocktherapie für Privatpatienten gehört? Ich schicke die Rechnung im voraus!«

»Ich bin leider noch mit vierzig Jahren zum Bettnässer geworden«, bekennt ein Mann dem Psychiater.
»Na, dann erzählen Sie mal, wie das geschieht.«
»Es hört sich einfach verrückt an«, sagt der Mann, »aber ich werde jede Nacht wach, und dann kommt ein kleines Männchen zur Tür herein, setzt sich zu mir auf die Bettkante und sagt: ›Du mußt jetzt pinkeln, also los, du pinkelst.‹ Ja, und dann passiert's eben.«
»Ich glaube, daß ich Ihnen helfen kann«, meint der Psychiater beruhigend. »Wenn in der nächsten Nacht das kleine Männchen auftaucht, sagen Sie ganz schnell, bevor es den Mund aufmachen kann: ›Ich muß nicht pinkeln, und ich werde nicht pinkeln.‹«
Am nächsten Tag kommt der Patient und klagt, es sei noch viel schlimmer geworden.
»Aber wieso denn?«
»Das kleine Männchen ist zur Tür hereingekommen, und ich habe gesagt: ›Ich muß nicht pinkeln, und ich werde nicht pinkeln.‹ Aber da hat das Männchen gesagt: ›Wer redet denn hier von Pinkeln? Heute wird geschissen!‹«

Es sagte der Psychiater:

»Wenn Sie mit dieser Maltherapie vom Saufen wegkommen wollen, sollten Sie damit aufhören, Cognacflaschen zu malen!«

Eine sehr aufgeregte Mutter bringt ihren kleinen Sohn zum Psychiater. Das Kind ist sehr laut und steckt offensichtlich voller Zerstörungswut. Der Psychiater beobachtet eine Weile die Überaktivität des Kindes und schreibt dann ein Rezept aus. Er vergißt allerdings, weitere Erklärungen abzugeben.
Eine Woche später kommt die Mutter mit dem Kind wieder in die Sprechstunde.
»Na, wie hat sich unser kleiner Freund in der letzten Woche benommen?« erkundigt sich der Psychiater.
Die Mutter zuckt mit den Schultern. »Wen interessiert das schon?« meint sie nur.

*

»Jetzt haben wir es geschafft, mein Lieber«, meint der Psychiater. »Das war unsere letzte Sitzung. Sie sind nicht mehr homosexuell.«
»Sie sind schon ein ganz, ganz toller Arzt«, schwärmt der Patient. »Am liebsten würde ich Sie küssen!«
»Aber, aber«, wehrt der Psychiater ab, »wir wollen doch nicht rückfällig werden – und jetzt runter von meinem Schoß!«

*

Voller Erleichterung versichert der Ehemann dem Psychiater: »Ich bin Ihnen ja so dankbar, daß Sie meine Frau geheilt haben. Früher war sie immer so unglücklich und depressiv, und jetzt ist sie fröhlich und zufrieden. Sagen Sie, wie haben Sie das Wunder fertiggebracht?«
Der Psychiater wehrt bescheiden ab: »Ach, das war ganz einfach. Ich habe Ihre Frau nur von der blödsinnigen Vorstellung befreit, die die meisten Frauen quält. Sie halten sich nämlich für unmoralisch und abgrundtief schlecht, nur weil sie einen Liebhaber haben!«

Der Vater ist entsetzt über die große Aufmerksamkeit, mit der sich sein zwölfjähriger Sohn den Busen schöner Mädchen widmet. Der Junge zeigt immer wieder auf attraktive Mädchen und flüstert: »Mensch, Vati, sieh dir mal die dollen Titten von der da an!«
Also beschließt der Vater, seinen Sohn zu einem Psychiater zu schicken, und dieser versichert dem Vater auch, daß er den Jungen von seiner Frühreife heilen würde.
Der Junge hat einige Sitzungen hinter sich. Vater und Sohn marschieren in Richtung Bushaltestelle. Der Junge zeigt keine Reaktion, auch wenn noch so tolle Mädchen an ihm vorbeieilen. Der Vater freut sich über den Erfolg.
Als sie dann jedoch in den Bus steigen, bleibt der Junge wie angewurzelt stehen und sagt laut: »Mann, o Mann, schau dir den tollen Hintern von dem Busfahrer an!«

Es sagte der Patient:

»Tausend Dank, Herr Doktor, daß Sie mich von meinem Größenwahn befreit haben. Und wie viele Hunderttausend bin ich Ihnen jetzt schuldig?«

Die Dame ist eine fanatische Anhängerin der Psychoanalyse geworden, nachdem sie sich einer eingehenden Behandlung unterzogen hat. Einer Freundin vertraut sie an: »Du würdest es nicht für möglich halten, aber ich habe jahrelang geglaubt, ich sei ein Hund.«
»Und jetzt bist du geheilt?« fragt die Freundin.
»Völlig – fühl nur mal meine Nase an. Ganz warm.«

Die attraktive junge Frau ist depressiv. Der alte Psychiater weiß keinen Rat mehr und läßt sie einmal von einem jungen Kollegen behandeln. Nach einer einzigen Sitzung ist eine ganz erstaunliche Besserung im Befinden der Patientin eingetreten.
»Wie haben Sie das nur gemacht?« fragt er den jungen Kollegen. »Sollte ich die Patientin nicht nach Ihrer Methode weiterbehandeln?«
»Das wird nicht möglich sein«, meint der junge Kollege. »Erstens habe ich eine sehr moderne Therapie angewandt, die Sie nicht billigen würden, zweitens hat die junge Frau darauf bestanden, in einer Stunde dreimal behandelt zu werden, was Sie ganz bestimmt nicht schaffen würden...«

*

Jonathan ist einer der erfolgreichsten Herzensbrecher weit und breit; die Eroberung von Frauen wird aber schließlich so zur fixen Idee bei ihm, daß er sich in psychiatrische Behandlung begeben muß.
»Wie ist denn die Behandlung bei deinem Psychiater?« erkundigt sich ein Freund.
»Was weiß ich«, meint Jonathan. »Die ersten sechs Sitzungen hat er nichts anderes getan, als sich Adressen aus meinem Notizbuch abzuschreiben.«

*

Psychiater und Ehefrau sind mit der erfolgreichen Behandlung des Patienten sehr zufrieden.
»Großartig, wie Sie meinem Mann geholfen haben«, bedankt sich die Ehefrau beim Psychiater. »Früher hielt er sich doch glatt für Sherlock Holmes, heute nur noch für einen Kommissar aus dem Fernsehen...«

Ein Mann kommt zum Psychiater und sagt: »Sie müssen mir helfen. Ich höre ununterbrochen klingende Glokken.«
»Das werden wir gleich haben«, versichert der Psychiater. »Gehen Sie da in dieses Nebenzimmer und sagen Sie sich eine Viertelstunde lang vor: ›Ich höre keine Glocken.‹ Dann kommen Sie wieder.«
Der Mann kommt nach einer Viertelstunde wieder herein.
»Nun?« fragt der Psychiater.
»Na ja«, meint der Mann, »Glocken waren da keine mehr, Sie haben recht, aber dafür habe ich die ganze Zeit gehört: ›Ich kann – ich muß! Ich kann – ich muß – ich kann.‹«
Da meint der Psychiater: »Ach, das ist schon in Ordnung. Das war bloß aus dem zweiten Nebenzimmer meine Übungsklasse – Patienten mit Verstopfung!«

»Eigentlich wollte ich mich nicht schon wieder hinlegen!«

oder

Was wäre ein Psychiater ohne Couch

Kleinjung holt sich bei einem Psychiater Rat.
»Ich komme wegen meiner Frau«, sagt er. »Sie leidet neuerdings an Minderwertigkeitskomplexen...«
»Wie zeigt sich denn das?« erkundigt sich der Psychiater.
»Das ist ganz verschieden, Herr Doktor«, meint Kleinjung. »Aber was ich Sie eigentlich fragen wollte: Was kann man denn machen, damit sie diese Minderwertigkeitskomplexe behält?«

*

»Legen Sie sich bitte auf die Couch«, sagt der Psychiater zu seiner Patientin.
Die junge Dame schüttelt energisch den Kopf. »Ach danke, ich bleibe lieber sitzen... Ich komme nämlich gerade aus den Flitterwochen zurück.«

Es stand in der Zeitung:

Zu verkaufen: schöne, gut gearbeitete Riesencouch. Fast neu. Abzugeben von Psychiater mit sehr kleiner Praxis.

Ein Weihnachtsmann kommt zum Psychiater.
»Herr Doktor, helfen Sie mir, ich habe den Glauben an mich verloren!«

*

Kommt ein Mann zum Psychiater und klagt: »Ich leide so darunter, daß man mich immer übergeht...«
Darauf der Psychiater: »Der nächste, bitte!«

»Die Behandlung von meinem Minderwertigkeitskomplex war zwar gut, aber sie hat mich doch eine ganze Stange Geld gekostet«, erzählt Schnupp seinen Bekannten.
»Ich dachte, die Krankenkasse hätte die Kosten übernommen?« meint einer am Tisch.
»Das dachte ich auch«, seufzt Schnupp. »Aber gestern mußte ich hundert Mark bezahlen, weil ich einem Kellner eine Ohrfeige gegeben habe, und heute kam eine Rechnung über zweihundert Mark, weil ich einen Polizisten beleidigt hatte. Ganz abgesehen von der Strafe, die ich noch bezahlen muß, weil ich anschließend das Gericht einen Idiotenhaufen nannte!«

*

Der Psychiater hat einen neuen Patienten. Er fragt ihn interessiert: »Was sind Sie denn von Beruf?«
»Kraftfahrzeugmechaniker«, gibt der Mann Auskunft.
Darauf meint der Psychiater: »Na, dann legen Sie sich schon mal unter die Couch!«

Es erklärte der Psychiater:

»Wissen Sie, was ein Minderwertigkeitskomplex ist? – Wenn ein Mann, von dem Fahrstuhlführer nach dem gewünschten Stockwerk befragt, antwortet: ›Fünfter Stock, bitte, wenn es für Sie kein Umweg ist.‹«

»Was hat der Psychiater dem Elefanten denn für die Behandlung abgenommen?«
»Hundert Mark für die Untersuchung und fünfhundert für die Couch.«

HUND?
JA, ICH BIN EIN HUND.
PFUI!
RUNTER VOM SOFA!

Die attraktive Frau liegt auf der Couch des Psychiaters. Sie erzählt ihm gerade von ihrer Schulzeit, von ihrem ersten Kuß. Nun will sie beginnen, ihm ihre Entjungferung zu schildern. Da stellt sie mit einem Blick auf die Uhr fest, daß die Behandlungsstunde um ist.
»Ich muß jetzt wohl gehen«, sagt sie.
»Bleiben Sie liegen«, erwidert der Psychiater. »Alles folgende geht auf meine Kosten.«

*

Ein Mann kommt zum Psychiater.
»Herr Doktor«, klagt er ihm, »ich beginne, Selbstgespräche zu führen.«
»Das ist doch nicht weiter schlimm; in Ihrem Alter tun das viele Leute«, meint der Psychiater, nicht sonderlich beeindruckt.
Der Mann seufzt. »Ja, schon, aber ich finde mich so furchtbar langweilig!«

*

»Ich bin völlig durcheinander, hoffentlich können Sie mir helfen«, fleht die hübsche Blondine den Psychotherapeuten an.
»Zunächst einmal müssen wir die Gründe Ihrer seelischen Schwierigkeiten herausfinden«, meint der Psychotherapeut. »Sie müssen sich dazu völlig entspannen. Legen Sie sich bitte hier auf die Couch.«
»Doktor, Sie mißverstehen mich«, versichert die junge Dame mit leiser Stimme. »So hat es ja gerade angefangen!«

*

»Herr Doktor, was halten Sie denn davon – heute nacht habe ich geträumt, ich sei ein Hähnchen«, berichtet der Patient etwas unsicher seinem Psychiater.
Der schaut ihn prüfend an und sagt: »Na, dann flattern Sie mal hier auf die Couch!«

Der Psychiater untersucht sehr gründlich die Patientin, die wegen eines angeblichen Minderwertigkeitskomplexes zu ihm gekommen ist.
Schließlich meint er: »Ich kann Sie wirklich beruhigen, gnädige Frau. Sie haben nämlich keinen Minderwertigkeitskomplex, sondern Sie sind ein sehr seltener Fall von echter Selbsterkenntnis.«

Es sagte der Psychiater:

»Sie küssen? Nein, das geht wirklich nicht, das wäre doch ganz und gar gegen die Regeln meines Berufsstandes. Das ist doch leicht einzusehen. Genaugenommen hätte ich mich nicht einmal mit Ihnen zusammen hier auf die Couch legen dürfen.«

Hugo bringt einen Papagei ins Tierheim.
»Er ist ein hübscher, gelehriger Kerl, aber ich muß ihn hierlassen«, erklärt er. »Er bringt mich pausenlos in die größte Verlegenheit. Ich habe ihn erst vor einer Woche von einem Psychiater erworben, aber sein ewiges ›Legen Sie sich auf die Couch‹ hat mich schon zwei Freundinnen gekostet!«

*

Lehmann hat Schwierigkeiten mit anderen Menschen. Aber hauptsächlich mit sich selber. Also befolgt er den Rat eines wohlmeinenden Bekannten und geht tatsächlich zum Psychiater. Der beschäftigt sich ausgiebig mit ihm.
»Ihre Schwierigkeiten beruhen hauptsächlich auf einem sehr starken Minderwertigkeitsgefühl«, verrät er Lehmann dann. »Jetzt würde mich nur eines interessieren: Ist dieses Minderwertigkeitsgefühl ganz plötzlich aufgetreten, oder hat es sich völlig normal durch Ehe und Vaterschaft entwickelt?«

Der Psychiater bittet seinen jungen Patienten auf die Couch und befragt ihn ausgiebig. Dann sagt er: »Ich habe eine gute und eine schlechte Nachricht für Sie. Zuerst die schlechte: Sie haben homosexuelle Neigungen. Und nun die gute Nachricht: Solch ein hübsches Kerlchen wie dich habe ich mir schon lange auf meiner Couch gewünscht!«

*

»Zu diesem Psychiater gehe ich nicht wieder!« versichert Eichhofer seinem Kollegen voller Entrüstung. »Der mag ja für dich gut sein, wie du mir gesagt hast, für mich ist er es jedenfalls nicht.«
»Aber wieso denn nicht; der Mann ist doch ausgezeichnet!«
»Weil er behauptet, ich litte an Verfolgungswahn! Aber das sagt er nur, weil er mich haßt und mir etwas Schreckliches antun will.«

Es sagte die Freundin:

»Seit zwei Monaten liege ich nun schon auf der Couch dieses Psychiaters!«
»Und das Ergebnis?«
»Hoffentlich wenigstens keine Zwillinge!«

»Ich habe eine unangenehme Angewohnheit«, klagt traurig ein Mann dem Psychiater. »Ich muß immer lügen, ich kann nichts dagegen machen.«
»Das ist wirklich eine schwierige Angelegenheit«, antwortet der Psychiater mitfühlend.
»Na ja, aber das muß Sie nicht aufregen, Herr Doktor«, meint der Mann. »Ich habe es Ihnen doch gerade erklärt – Sie müssen kein Wort von dem glauben, was ich Ihnen sage!«

Frau Neuendorf geht zum Psychiater. Ohne lange Vorrede fordert dieser sie auf: »Legen Sie sich doch bitte hier auf die Couch.«
Da erkundigt sich Frau Neuendorf strahlend: »Aber Herr Doktor, woher wußten Sie denn so schnell, was mir fehlt?«

*

Der berühmte Psychiater hat seine Behandlung beendet.
»Nun sagen Sie mir mal ganz offen, Herr Finkenzeller, wie Sie sich fühlen. Sind diese lästigen Schuldgefühle denn nicht verschwunden? Spüren Sie sie noch?«
»Nein«, Finkenzeller lächelt müde. »Die alten Schuldkomplexe sind wie weggeblasen. Aber leider meldet sich ein neuer an.«
»Ein neuer?« fragt der Psychiater beunruhigt.
»Ja, Doktor. Ich träume jetzt schon jede Nacht davon, wie ich Ihre Rechnung bezahlen soll.«

*

Beckmann trifft einen alten Schulfreund – mit einer Couch auf dem Rücken.
»Was machst du denn da?« erkundigt Beckmann sich entgeistert. »Bist du Möbelpacker geworden?«
»Wieso?« fragt der andere. »Ich bin Psychiater und mache einen Hausbesuch!«

*

Der Patient ist sehr zufrieden mit seinem Psychiater und erklärt ihm nach der dritten Sitzung: »Es ist großartig, Herr Doktor, mein Minderwertigkeitskomplex ist wie weggeblasen! Das verdanke ich nur Ihnen, Sie aufgeblasener alter Beutelschneider!«

»Sie haben einen ganz schönen Komplex«, sagt der Psychiater, nachdem er sich ausgiebig mit seiner Patientin beschäftigt hat.
»Ich bitte Sie, Herr Doktor«, erwidert die Patientin, »Komplex ist übertrieben – es ist nur ein Einfamilienhaus mit kleinem Garten!«

Es sagte der Patient:

»Herr Doktor, ich habe Schwierigkeiten mit anderen Menschen.«
»Und woran liegt das?«
»Das sollen Sie doch herausfinden, Sie Blödmann!«

Die junge Dame streckt sich auf der Couch des Psychiaters aus.
»Ach, Herr Doktor, ich weiß mir nicht mehr zu helfen. Jeden Abend – ob ich will oder nicht – bringe ich ein halbes Dutzend Männer mit nach Hause. Gestern abend waren es sogar zehn! Ich fühle mich so elend. Können Sie mir helfen?«
Verständnisvoll versucht der Psychiater sie zu trösten: »Ja, ich weiß, ich weiß...«
»Oh!« unterbricht sie ihn überrascht. »Sie waren also gestern auch dabei?«

*

Ein Mann kommt zum Psychiater. Er setzt sich in den größten und schönsten Ledersessel, öffnet Krawatte und Hemdknöpfe, legt die Beine auf den Schreibtisch und nimmt sich eine Zigarre.
»Was fehlt Ihnen?« fragt der Psychiater konsterniert.
»Ich leide unter Hemmungen, Herr Doktor!«

ER MEINT, ER IST SUPERMAN !!
KOMMEN SIE, LIEBE FRAU, WIR KLÄREN IHN UNTEN AUF.
Grosse

»Herr Doktor, ich bin Bankangestellter, ein Mensch, der nur für seine Familie lebt«, sagt der kleingewachsene, unscheinbare Mann. »Ich habe ein ordentliches Leben geführt, habe alles getan, was man von mir verlangte, ich gehe zur Wahl, Weihnachten in die Kirche und bin im Vorstand des Kaninchenzuchtvereins. Ich wüßte nicht, was ich in meinem Leben verkehrt oder schlecht gemacht hätte. Und trotzdem habe ich die Wahnvorstellung, ich sei ein gemeingefährlicher Mörder. Ich weiß, es ist lächerlich, aber es stört mich.«
»Darüber machen Sie sich mal keine Sorgen«, sagt der Psychiater gemütlich. »Das kommt doch sehr häufig vor, ganz besonders unter bescheidenen, zurückhaltenden und ruhigen Leuten wie Sie. Das hat keinerlei Bedeutung und birgt keinerlei Gefahr. Aber bevor wir jetzt weitersprechen, habe ich eine Bitte: Können Sie vielleicht das Maschinengewehr runternehmen?«

*

»Du siehst schlecht aus«, sagt ein Hund zum anderen. »Du solltest mal zum Psychiater gehen.«
»Zwecklos, der läßt mich ja auch nicht auf die Couch.«

*

»Doktor«, klagt die nervöse Patientin ihrem Psychiater, »ich habe kein Talent. Ich kann nicht singen! Ich kann nicht tanzen! Am liebsten würde ich aus dem Showgeschäft wieder aussteigen.«
»Und warum tun Sie es nicht?«
»Es geht nicht«, schluchzt sie. »Ich bin ein Star!«

*

Olga kommt zum Psychiater. Der sagt zu ihr: »Bitte ziehen Sie sich aus, und legen Sie sich dort auf die Couch.«
Meint Olga verschämt: »Herr Doktor, bitte erzählen Sie es aber nicht weiter. Ich bin noch nie fremdgegangen!«

»Wer keine Sorgen hat, der macht sich welche!«

oder

Nicht ganz hoffnungslose Fälle

»Mein Hausarzt schickt mich zu Ihnen«, erzählt der Patient dem Psychiater. »Gott weiß warum. Ich bin glücklich verheiratet, habe eine gute und sichere Arbeit, ich habe viele Freunde, keinerlei Ärger, keine Schwierigkeiten ...«
Der Psychiater macht ein nachdenkliches Gesicht, greift nach Karteiblatt und Kugelschreiber und fragt: »Und wie lange haben Sie das alles schon?«

Es sagte das moderne Kind:

»Wunderbar! Ganz phantastisch! Genau das habe ich mir gewünscht! Einen Gutschein für zwanzig Besuche bei einem Psychiater!«

Der Psychiater ist irritiert und betrachtet kopfschüttelnd den Mann, der vor ihm sitzt.
»Sagen Sie mal«, will er wissen, »warum kratzen Sie sich eigentlich unaufhörlich?«
Antwortet der Mann: »Weil ich der einzige Mensch bin, der weiß, wo es mich juckt!«

*

Der Psychiater beruhigt eine Patientin, die glaubt, das ganze Haus voller Kaninchen zu haben. »Das werden wir bald wieder in Ordnung gebracht haben, Sie werden sehen. Die Kaninchen existieren doch nur in Ihrem Kopf.«
»Da bin ich aber erleichtert, Herr Doktor«, meint die Patientin, »aber sagen Sie, wer hat denn alle die Kaninchen in meinen Kopf hineingebracht?«

Der Psychiater will wissen: »Hat es in Ihrer Familie schon Fälle von Geisteskrankheit gegeben?«
»Ja«, bestätigt die junge Frau seinen Verdacht, »meine Schwester hat sich vergangenes Jahr geweigert, einen Millionär zu heiraten!«

*

»Wie stehen Sie zu Ihrer Frau?« fragt der Psychiater den neuen Patienten.
»Ausgezeichnet«, antwortet der Ehemann.
»Sind Sie oft verschiedener Meinung?«
»Fast immer.«
»Wie können Sie dann behaupten, daß Sie mit Ihrer Frau gut auskommen?« wundert sich der Psychiater.
»Ganz einfach«, meint der Mann, »ich sage meiner Frau niemals etwas von meiner abweichenden Meinung...«

*

Ein Eiskunstläufer kommt sorgenvoll zum Psychiater. Er hat sexuelle Probleme.
»Wo liegen denn die Schwierigkeiten?« erkundigt sich der Psychiater.
»Ach, Herr Doktor, die Kür ist fabelhaft, aber die Pflicht schaffe ich einfach nicht!«

*

Seit einer Stunde sitzt Frau Schöller bei einem Psychiater – und redet, redet, redet. »Und wenn ich dann schließlich zärtlich werden will«, sagt sie abschließend, »dann stellt mein Mann sich einfach schlafend, Herr Doktor – Herr Doktor! Hallo, Herr Doktor – aufwachen!«

*

Beim Psychiater klingelt das Telefon. »Herr Doktor, mir macht die Schule Spaß, das ist doch nicht normal – können Sie mir helfen?« fragt eine Kinderstimme.

Ein Mann kommt zum Psychiater. »Herr Doktor, ich bin wahnsinnig geworden.«
»Wie ist denn das so einfach möglich?« fragt der Psychiater ungläubig.
»Als ich neulich bei meiner Freundin übernachten wollte, kam überraschend ihr Mann nach Hause. Ich wollte mich verstecken, kletterte aus dem Fenster und hielt mich am Sims fest. Ihr Mann muß das gesehen haben. Denn er holte einen großen Hammer und schlug mir damit auf jeden einzelnen Finger.«
»Dabei sind Sie wahnsinnig geworden?« hakt der Psychiater nach.
»Nein. Ihr Mann hat noch Stahlnägel genommen und sie mir durch jeden einzelnen Finger geschlagen.«
»Ich verstehe, daß Sie das in den Wahnsinn getrieben hat«, meint der Psychiater schaudernd.
»Aber nein«, protestiert der Mann. »Wahnsinnig geworden bin ich erst, als ich mich umdrehte und sah, daß ich nur zehn Zentimeter über dem Rasen hing.«

Es sagte der Manager:

»Herr Doktor, ich glaube, ich bin nicht normal.«
»Wieso?«
»Ich liebe meine Frau über alles und kann meine Sekretärin nicht ausstehen!«

»Mein Mann und ich verstehen einander nicht, egal, worüber wir auch reden!« klagt Frau Haslinger beim Psychiater.
Der betrachtet sie nachdenklich, dann meint er: »Haben Sie schon einmal versucht, ihn auch zu Wort kommen zu lassen?«

»So, ich mache jetzt einen ganz einfachen Test mit Ihnen«, sagt der Psychiater zu seinem neuen Patienten. »Was würde passieren, wenn ich Ihr linkes Ohr abschneiden würde?«
»Ich könnte nicht mehr hören«, meint der Mann.
»Und was würde passieren, wenn ich dann noch Ihr rechtes Ohr abschneide?«
Der Mann überlegt eine Weile. »Ich könnte auch nichts mehr sehen.«
»Warum nicht?« fragt der Psychiater interessiert.
»Ganz klar. Weil mir mein Hut über die Augen rutschen würde.«

Es sagte der Patient:

»Hören Sie mal, wie können Sie behaupten, ich sei geistig beschränkt?«
»Ist doch klar, daß Sie geistig beschränkt sind. Das müßte Ihnen doch schon Ihr gesunder Menschenverstand sagen!«

Der Psychiater gibt sich redliche Mühe, dem jungen Mann die Selbstmordabsichten auszureden. Aber der Patient ist kaum zu beruhigen.
»Ach, Herr Doktor, sie war so schön, so wunderschön, und ich habe sie fürchterlich geliebt«, jammert er. »Ich habe ihr auch erzählt, daß ich einen steinreichen Onkel habe...«
»Ach so, und das haben Sie sich nur ausgedacht, nicht wahr?« vermutet der Psychiater.
»Nein, das nicht«, sagt der junge Mann voller Verzweiflung, »aber sie ist jetzt meine Tante!«

DIPL. PSYCHOLOGE
S. CORDULA
MEIN MANN VERSTEHT MICH NICHT...
Grosse

In der Linienmaschine New York–Chicago reißt ein Mann die Tür zum Cockpit auf, bohrt dem Piloten eine Pistole ins Kreuz und brüllt: »Fliegen Sie sofort nach Chicago!«
Der Pilot ist verblüfft. »Aber da wollen wir doch sowieso hin...«
»Mund halten«, knurrt der Mann.
Kurz nach der Landung wird der offenbar Geistesgestörte entwaffnet und ein Psychiater beigezogen.
Dieser unterhält sich mit dem Mann und meint vorsichtig: »Aber das wäre doch auch ohne Pistole gegangen...?«
»Haben Sie eine Ahnung«, erwidert der Mann, »das war mein dritter Flug auf dieser Strecke – und zweimal bin ich in Havanna gelandet!«

Es fragte der Psychiater:

»Ich habe gehört, Sie baden täglich in Milch. Warum?«
»Weil ich keine Kuh finde, die so groß ist, daß ich duschen kann!«

»Ich glaube, daß Sie mit Ihrem Beruf bei der Post nicht ausgefüllt sind«, sagt der Psychiater.
»Doch, sehr«, erwidert der Patient.
»Aha, und was tun Sie da?«
»Ich stemple Briefe.«
»Da haben wir's!« stellt der Psychiater fest. »Das ist doch eine stinklangweilige Aufgabe!«
»Stinklangweilig? Haben Sie eine Ahnung, Herr Doktor! Jeden Tag ein anderes Datum!«

Frau Abelein klagt dem Psychiater ihr Leid. »Herr Doktor, unser Sohn sitzt den ganzen Tag in der Sandkiste, baut Burgen und backt Sandkuchen. Ist ihm das denn nicht auszutreiben?«
»Warum denn?« will der Psychiater wissen. »Das ist doch völlig normal.«
»Sehen Sie, das meinen mein Mann und ich ja auch«, sagt Frau Abelein, »aber unsere Schwiegertochter will sich deswegen jetzt scheiden lassen.«

*

Dobler kommt zum Psychiater und jammert: »Herr Doktor, immer wenn ein Lastwagen vor meinem Haus vorbeifährt, gerate ich in Panik. Ich bin schon mit den Nerven völlig fertig.«
»Hmm«, sagt der Psychiater, »typischer Unfallschock wahrscheinlich.«
»Nein, nein, Herr Doktor, es war anders. Meine Frau ist vor einem Jahr mit einem Fuhrunternehmer durchgebrannt. Ich habe ständig Angst, er bringt sie wieder zurück.«

*

Die Ehefrau ist ganz verzweifelt und sucht Hilfe bei einem Psychiater. »Herr Doktor, mein Mann leidet an Wahnvorstellungen. Dauernd spricht er im Schlaf, es ist furchtbar. Ich halte das nicht mehr aus.«
»Was sagt er denn?« will der Psychiater wissen.
»Er spricht immer von einer Frau, dann noch von einer Frau und dem Tod...«
»Hm«, meint der Psychiater nachdenklich und betrachtet die Ehefrau mitfühlend. »Wenn es so steht, dann glaube ich, daß ich für *Sie* nicht mehr viel tun kann.«

Die Mutter ist mit ihrem Sohn beim Psychiater.
»Hat der Junge gestern nacht phantasiert?« erkundigt sich der Psychiater.
»Ja«, bestätigt die Mutter, »aber nur ganz dünn.«

*

Frau Müller berichtet ganz stolz der Nachbarin: »Stellen Sie sich vor, da geht mein Mann wochenlang zu diesem sündteuren Psychiater, und dem fällt auch nichts ein. Dabei war es ganz einfach, ihn dazu zu bringen, nicht mehr Nägel zu kauen, wenn er Probleme hat.«
»Und wie haben Sie das geschafft?«
»Ich habe ihm einfach seine Zähne versteckt.«

Es fragte der Psychiater:

»Betrügen Sie Ihre Frau?«
»Wen denn sonst?«

Der besorgte Ehemann erkundigt sich beim Psychiater: »Herr Doktor, meine Frau war bei Ihnen. Was fehlt ihr denn bloß?«
»Das kann ich Ihnen ganz genau sagen«, erwidert der Psychiater. »Eine Traumvilla in einem schicken Vorort, ein Luxuswagen, ein Pelzmantel, ein Diamantenarmband und ein junger Liebhaber.«

*

Beim Psychiater klingelt das Telefon.
»Mein Mann wacht immer um Mitternacht auf und wandert eine geschlagene Stunde durchs Haus, Herr Doktor!« klagt eine weibliche Stimme.

»Und seit wann macht er das?« will der Psychiater wissen.
»Seit gestern vor acht Jahren.«
»Woher wissen Sie das so genau?«
»Das muß ich doch wissen, ich habe ihn damals doch schließlich selbst umgebracht!«

*

Der Mann beim Psychiater macht einen sehr niedergeschlagenen Eindruck.
»Nun«, sagt der Psychiater, »wo drückt der Schuh?«
»Ach«, erklärt der Mann voller Resignation, »das Leben macht keinen Spaß mehr. Es ist alles sinnlos!«
»Na, na, so schlimm wird es schon nicht sein«, besänftigt der Psychiater. »Schütten Sie erst einmal Ihr Herz aus. Reden Sie sich den Kummer von der Seele, und dann werden wir schon weitersehen. Also, was bedrückt Sie?«
»Ich bin einfach mit den Nerven fertig«, sagt der Mann bitter. »Ich habe keinen Appetit, mir bekommt das Rauchen nicht mehr, nachts finde ich keinen Schlaf. Die Haare werden immer weniger, die Zähne fallen mir aus, und das Gedächtnis läßt zu wünschen übrig. Mit meinem Chef habe ich ständig Streit, das Gehalt reicht nicht hinten und nicht vorne, und die Miete bin ich auch seit drei Monaten schuldig. Außerdem leide ich an Platzangst und Schwindelgefühlen, bin kurzatmig und sehe überdies von Tag zu Tag schlechter. Ich bin am Ende. Das ist doch kein Leben!«
Der Psychiater winkt ab. »Aber, hören Sie«, sagt er, »übertreiben Sie da nicht ein bißchen? Schließlich sind Sie doch, wie ich sehe, verheiratet, nicht wahr?«
Der Mann zuckt zusammen. »Richtig«, sagt er bitter, »das kommt auch noch dazu!«

»Ich glaube, ich habe eine sehr erfolgreiche Art, mit dem Leben fertig zu werden«, berichtet der Mann seinem Psychiater. »Ich bin sehr ehrgeizig, und auf irgendeine Weise kann ich mir immer die selbstsüchtigsten Wünsche erfüllen: Frauen, Geld, Einfluß, alles kein Problem. Ich kann einfach keine Opposition vertragen, gehe immer vorwärts, kümmere mich um niemanden sonst und nehme keinerlei Rücksicht.«
»Und seit wann bestehen diese Klagen schon?« erkundigt sich der Psychiater.
Fragt der Patient erstaunt: »Klagen, wieso? Habe ich mich beklagt?«

*

Die Familie ist besorgt. Der Opa redet unaufhörlich mit sich selbst. Der Psychiater diagnostiziert Altersschwachsinn.
Meint der alte Mann mit mildem Erstaunen: »Zum erstenmal in meinem Leben spreche ich mit einem vernünftigen Menschen. Und nun soll ich schwachsinnig sein?«

Es sagte der Ehemann:

»Stellen Sie sich vor – meine Frau sitzt den ganzen Tag vor dem Fernsehapparat.«
»Aber das ist doch nichts Besonderes.«
»Schon, aber ihr gefallen alle Programme!«

Im Wartezimmer des Psychiaters läuft ein Patient immerzu im Kreis herum. Einmal zieht er einen größeren, dann wieder einen kleineren Kreis. Der Psychiater öffnet die Tür zum Sprechzimmer und bittet den Mann herein.
Darauf der Patient unwillig: »Stören Sie mich jetzt nicht, ich überprüfe gerade meinen Kreislauf.«

Der Psychiater untersucht den Pfarrer eingehend. »Sprechen Sie im Schlaf?« fragt er ihn schließlich.
»Nein«, erwidert der Geistliche bekümmert, »wenn ich spreche, schlafen die anderen.«

*

»Ich träume Nacht für Nacht, ich sei im Paradies«, berichtet der Mann seinem Psychiater mit ganz verklärtem Gesicht.
»Aber wenn Sie aufwachen, wissen Sie doch, daß Sie nicht im Paradies sind?« fragt der Psychiater.
»Natürlich«, brummt der Mann, »da sehe ich doch meine Frau!«

*

»Ihre Frau scheint sehr nervös zu sein«, sagt der Psychiater zu dem Ehemann, der seine Frau begleitet hat.
»Da haben Sie recht«, seufzt der Ehemann. »Ich weiß schon nicht mehr, wie ich mich verhalten soll. Gestern beispielsweise hat sie sich über das schlechte Zeugnis unserer Tochter aufgeregt, dann darüber, daß ich mich nicht mit ihr aufgeregt habe, und jetzt ist sie darüber aufgeregt, daß ich mich aufrege, daß sie sich aufregt, weil ich mich nicht aufrege.«

*

Der Psychiater fordert den jungen Mann auf: »Schildern Sie mir doch einmal, wie sich das so alles bei Ihnen entwickelt hat. Und schön der Reihe nach. Also, wann fingen Sie eigentlich an, Mädchen zu lieben?«
»Das weiß ich ganz exakt«, meint der junge Mann eifrig, »nämlich haargenau in dem Augenblick, als ich entdeckte, daß sie keine Jungen waren!«

Der Psychiater bittet die Patientin, sie möge ihm doch einmal ihre Denkweise näher beschreiben.
Sie schaut ihn nachdenklich an und sagt mit leiser Stimme: »Wenn ich mit anständigen und intelligenten Menschen zusammen bin, denke ich gut, aber bei dämlichen Menschen, die blöde Fragen stellen, werde ich immer ein wenig nervös.«

*

Der Patient leidet unter starken Depressionen und sagt zu seinem Psychiater: »Meine Frau verbietet mir einfach alles. Ich darf nicht rauchen, nicht fluchen, nicht in die Kneipe gehen...«
»Bereuen Sie, daß Sie sie geheiratet haben?« will der Psychiater mitfühlend wissen.
Der Mann schüttelt bekümmert den Kopf. »Nein, Herr Doktor, bereuen darf ich auch nichts.«

*

Nach eingehender Befragung des Patienten ist sich der Psychiater seiner Sache sicher. Er erklärt dem Mann: »Sie haben ganz offensichtlich eine starke Hemmung, die Ihnen jede Lebensfreude nimmt.«
»Pst, Herr Doktor«, wehrt der Mann erschrocken ab, »sie sitzt draußen im Wartezimmer!«

*

»Warum sind Sie denn bloß so hochgradig nervös?« will der Psychiater wissen.
»Das kommt vom Angeln«, sagt Lehmann.
Der Psychiater wundert sich. »Aber hören Sie, Angeln ist doch das beste für die Nerven!«
Lehmann blickt sehr zweifelnd drein. »Haben Sie denn noch nie ohne Angelschein geangelt, Herr Doktor?«

SELBSTVERSTÄNDLICH SIND SIE NICHT MEIN ERSTER PROMINENTER PATIENT.

Der Entertainer kommt zum Psychiater. »Helfen Sie mir, Herr Doktor«, fleht er. »Ich glaube, mit mir stimmt etwas nicht. Neuerdings lache ich sogar über meine eigenen Witze!«

*

Der Ehemann klagt dem Psychiater, daß seine Frau im Schlaf laut spreche. »Sie ruft immer: ›Nein, Friedrich, nein.‹«

»Sie heißen wohl nicht Friedrich?« vergewissert sich der Psychiater.

»Nein«, sagt der Ehemann, »ich heiße Herbert.«

Da meint der Psychiater beruhigend: »Ach, wissen Sie, solange Ihre Frau nur ›nein, Friedrich‹ und nicht ›nein, Herbert‹ ruft, würde ich mir an Ihrer Stelle weiter keine Sorgen machen!«

*

Der Mann sinkt tief in die Couch des Psychiaters.

»Herr Doktor, helfen Sie mir, ich habe ein Problem. Mein Sohn studiert an der Sorbonne. Ich besitze ein Haus auf Sylt, ich habe ein Schwimmbad, einen Tennisplatz, einen Ferrari, eine Yacht, eine Drittwohnung in New York und esse am liebsten in den besten Restaurants.«

»Sehr schön.« Der Psychiater ist beeindruckt. »Aber entweder habe ich Sie mißverstanden – oder Sie haben gar keine Probleme.«

»Leider doch«, krächzt der zermürbte Mann. »Ich verdiene nämlich nur dreitausend Mark im Monat!«

*

»Sie sollten sich wirklich nicht so aufregen«, rät der Psychiater. »Nehmen Sie sich ein Beispiel an dem Patienten, der letzte Woche hier bei mir war. Er hat eine grauenvoll hohe Zahnarztrechnung bekommen und konnte sie nicht bezahlen. Ein paar Sitzungen, und jetzt ist ihm das egal.«

»Deshalb bin ich ja hier«, sagt der Patient, »ich bin der Zahnarzt!«

Es sagte der Patient:

»Ich kann die vielen Nackten in den Illustrierten nicht mehr sehen!«
»Sie sind wohl streng erzogen worden?«
»Nein, ich habe eine Textilfabrik.«

Der Psychiater hält einen Vortrag über Sexualprobleme. »Ein Mann, der will, aber nicht kann, ist impotent. Hingegen jedoch ein Mann, der kann, aber nicht will, ist ein...«
Ruft eine Zuhörerin dazwischen: »Ein ganz gemeiner Kerl!«

*

»Ich weiß mir nicht mehr zu helfen«, sagt die Frau zum Psychiater, »ich bin so schrecklich nervös. Jedesmal, wenn das Telefon geht oder wenn es an der Tür läutet, erschrecke ich zu Tode. Und wenn ich einen Brief aufmache, zittere ich wie Espenlaub.«
»Ja, ja, das kenne ich«, sagt der Psychiater nachdenklich, »meine Frau kauft auch immer auf Raten.«

Es sagte der Psychiater:

»Warum klagen Sie denn darüber, daß Sie im November alles so grau und trostlos finden? Es ist doch tatsächlich alles nur noch grau und trostlos!«

Der Psychiater hat eine Idee. »Ich glaube, man könnte Sie von Ihren Depressionen und Stimmungstiefs befreien, wenn man Ihnen mehr soziale Kontakte verschafft. Kommen Sie überhaupt mit Menschen zusammen?«

Der junge Mann antwortet mit finsterem Gesicht: »Kaum. Meist sitze ich nur so da.«
»Gehen Sie denn nicht einmal mit einem Mädchen aus?« fragt der Psychiater behutsam.
»Leider nicht.«
»Würden Sie denn gern?« tastet sich der Psychiater weiter vor.
»Doch, natürlich«, meint der junge Mann auch sofort.
»Und warum tun Sie es nicht?«
Der junge Mann wird noch trauriger. »Meine Frau ist nicht einverstanden.«

Es fragte die Blondine:

»Herr Doktor, was soll man denn bloß tun, wenn einen dieses fürchterliche Fernweh packt?«
»Koffer packen!«

Der Patient schildert dem Psychiater sein größtes Problem. »Herr Doktor, ich leide ganz schrecklich an Gedächtnisschwund. Vor allem sind es drei Dinge, die ich mir überhaupt nicht merken kann.«
»Und was können Sie sich nicht merken?« fragt der Psychiater.
»Erstens keine Namen, zweitens keine Zahlen, und drittens kann ich mir grundsätzlich nie mehr als zwei Dinge merken.«

*

»Unterhalten Sie sich mit Ihrem Mann, wenn Sie Verkehr haben?« will der Psychiater wissen.
Die Ehefrau verneint energisch. »Nein, niemals. Er hat mir nämlich verboten, ihn im Geschäft anzurufen.«

Die Ehefrau macht einen äußerst beunruhigten Eindruck und bittet den Psychiater inständig: »Bitte, behandeln Sie meinen Mann, Herr Doktor. Seit fünfzehn Jahren erzählt er jede Nacht im Traum, was er tagsüber erlebt hat.«
»Und warum kommen Sie dann erst jetzt zu mir?« wundert sich der Psychiater.
Sagt die Ehefrau hilflos: »Weil er seit einer Woche nachts schweigt.«

*

Die Ehefrau kommt zum Psychiater und beklagt sich bitter über seelische Grausamkeit und Vernachlässigung. »Das muß eine Fehlsteuerung sein bei meinem Mann. Er hat nichts als seine Briefmarken im Kopf und hockt Tag und Nacht über ihnen.«
»Das tue ich aber auch, wenn ich genügend Zeit habe«, meint der Psychiater.
»Er bettelt nicht nur Freunde und Bekannte um Marken an, sondern auch Leute, die er überhaupt nicht weiter kennt.«
»Auch das ist eigentlich normal. Ich mache das auch.«
»Und dann läuft er in alle Konsulate und Gesandtschaften, um ausländische Marken zu ergattern.«
Da strahlt der Psychiater. »Donnerwetter. Die Idee ist gut!«

Es riet der Psychiater:

»Sie sollten mit dem Rauchen aufhören.«
»Meinen Sie, ich vertrage es gesundheitlich nicht mehr?«
»Doch, aber Sie stecken gerade meine Couch in Brand.«

Der Ehemann erklärt dem Psychiater: »Meine Frau leidet unter Verfolgungswahn.«
»Und wie äußert sich das?« forscht der Psychiater.
»Sie hat ständig Angst, daß ihr etwas gestohlen werden könnte. Gestern fand ich einen Mann im Schrank, der ihre Kleider bewachte!«

*

Eine junge Dame kommt zum Psychiater. »Sie müssen mir unbedingt helfen!« schluchzt sie.
»Was haben Sie denn für Schwierigkeiten?« fragt der Psychiater freundlich.
»Ich habe einen wundervollen Mann kennengelernt«, sagt sie. »Ich will ihn unbedingt heiraten. Seine Eltern sind einverstanden, meine Eltern sind einverstanden...«
»Aber dann ist doch alles in bester Ordnung!« unterbricht sie der Psychiater. »Wo liegt denn dann das Problem?«
»Wie bringe ich es meinem Mann bei?«

*

Der Patient weiß nicht mehr weiter und sagt zu seinem Psychiater: »Herr Doktor, ich habe abgrundtiefe Depressionen. Es ist so furchtbar, ganz allein alt zu werden.«
»Aber soviel ich weiß, sind Sie doch verheiratet?« erkundigt sich der Psychiater etwas erstaunt.
»Schon, Herr Doktor«, meint der Patient, »aber meine Frau hat seit zehn Jahren keinen Geburtstag mehr gehabt...«

*

Der Psychiater wird auf einen Landsitz gerufen. Der Besitzer erklärt ihm mit sorgenvoller Stimme, worum es sich handelt.
»Ein schlimmer Fall von Wahnvorstellungen, Herr Dok-

tor. Meine Schwiegermutter bildet sich ein, ich wolle sie ermorden und hätte ein Stromkabel an ihrem Schaukelstuhl installiert. Sie ist nicht davon abzubringen.«
»Hm«, brummt der Psychiater, »führen Sie mich zu ihr, ich werde sie mir einmal anschauen.«
»In Ordnung, Doktor«, meint der Mann erleichtert, »ich gehe nur schnell und stelle solange den Strom ab.«

*

Die Mieterin eines Appartements trifft auf der Treppe den Hausbesitzer.
»So, den Hubers aus dem vierten Stock habe ich fristlos gekündigt«, berichtet er ihr aufgebracht. »Stellen Sie sich diese Frechheit vor. Halten sich in einer Wohnung doch tatsächlich Hühner!«
»Was sagen Sie, Hühner?« ruft die Mieterin überrascht aus. »Haben die vielleicht auch einen Hahn?«
»Ich glaube schon«, knurrt der erboste Hausbesitzer.
»Meine Güte!« stöhnt die Mieterin. »Und ich lasse mich schon seit Wochen von einem sündteuren Psychiater behandeln, weil ich mir einbilde, einen Hahn krähen zu hören!«

»So schizophren wie Sie bin ich schon lange!«

oder

Irrsinn steckt an

»Gestern hätten Sie hier sein sollen«, sagt der Psychiater zu seiner jungen Assistentin, die am Tag zuvor frei gehabt hat. »Da kam eine Patientin zu mir herein und sagte: ›Herr Doktor, machen Sie nur schnell die Tür zu, sonst kommen mir die Gartenzwerge auch hierher nach!‹ Ich habe der armen Frau natürlich den Gefallen getan und die Tür ganz schnell zugemacht.«
»Und?« fragt die junge Assistentin gespannt. »Sind die Gartenzwerge auch wirklich draußengeblieben?«

Es sagte der Patient:

»Herr Doktor, ich fürchte, ich bin schizophren!«
»Ach, ausgezeichnet, dann sind wir ja schon zu viert.«

Der Patient leidet an Halluzinationen. Er liegt auf der Couch beim Psychiater und stammelt: »Im Augenblick sehe ich ein wunderschönes blondes Mädchen mit unheimlich langen Beinen und unnachahmlichem Hüftschwung...«
Meint der Psychiater: »Rücken Sie bitte etwas zur Seite, ich will mir die Sache auch einmal ansehen.«

*

Ein Mann geht zum Psychiater. »Mir fehlt eigentlich gar nichts, Herr Doktor«, meint er, »wenn nur nicht die roten Käfer und blauen Eidechsen wären, die dauernd auf mir herumkrabbeln. Die sind wirklich lästig.«
Der Psychiater macht sich weiter Notizen und meint nur: »Gut, gut, aber hören Sie auf, sie fortwährend auf mich abzuschütteln.«

»Nacht für Nacht muß ich im Traum einen Lastwagen von Basel nach Hamburg fahren«, klagt ein junger Mann seinem Psychiater. »Am nächsten Morgen fühle ich mich dann wie gerädert.«
»Kein Problem«, versichert der Psychiater. »Halten Sie einfach ab jetzt bei Karlsruhe an. Dann übernehme ich den Transport bis Hamburg.«
Am Abend trifft der erleichterte junge Mann seinen Freund. Der hat ein ganz ähnliches Problem. »Nacht für Nacht«, erzählt er, »muß ich im Traum vier fette Weiber befriedigen. Mann, das bringt mich noch um!«
»Geh doch einmal zu meinem Psychiater«, rät der junge Mann dem Freund und gibt ihm die Adresse.
Als er ihn das nächste Mal trifft, fühlt sich der Freund miserabler denn je.
»Was ist denn los? Konnte dir der Psychiater nicht helfen?«
»Die Weiber sind zwar weg«, klagt der Freund, »dafür fahre ich jetzt jede Nacht so einen verdammten Lkw von Karlsruhe nach Hamburg!«

Es sagte die Assistentin:

»Was haben Sie denn für Schuhe an, Herr Doktor? Einen braunen und einen schwarzen?«
»Ja, denken Sie nur. Und zu Hause habe ich noch so ein Paar.«

Der Patient macht einen äußerst nervösen Eindruck und sagt zu seinem Psychiater: »Ich denke immer, ich höre ein Blasorchester, Herr Doktor, das macht mich völlig verrückt.«
Da murmelt der Psychiater: »Sprechen Sie doch bitte etwas lauter, ich kann ja kein Wort verstehen wegen dieses verfluchten Blasorchesters!«

»Ich muß Ihnen jetzt etwas gestehen, Herr Doktor«, sagt die Patientin nervös und sucht ganz offensichtlich nach Worten für ihr Problem. »Während der Monate, in denen ich nun bei Ihnen in Dauerbehandlung bin, habe ich eine ziemlich lächerliche Vorstellung entwickelt. Bei mir hat sich nämlich nach und nach die Überzeugung herausgebildet, daß Sie ein Krokodil im Badezimmer haben.«

»Tatsächlich?« antwortet der Psychiater und sieht sie erstaunt an. »Und wie haben Sie das herausbekommen?«

*

Der Psychiater ist zuversichtlich. »Von der Vorstellung, daß Sie ein Elefant sind, werde ich Sie wahrscheinlich schnell heilen können. Aber jetzt möchte ich Sie bitten, Ihren häßlichen, feuchten Rüssel vom Tisch zu heben, damit ich Ihnen ein Rezept ausstellen kann.«

Es sagte der Patient:

»Herr Doktor, ich bilde mir ein, ich sei ein Biskuit.«
»So ein kleiner, zarter, runder?«
»Ja, genau!«
»Mit kleinen Löchern drin?«
»Stimmt!«
»Dann sind Sie gar kein Biskuit, sondern ein ganz normaler Kräcker...«

»Neulich tauchte bei mir in der Praxis ein Mann auf«, berichtet der Psychiater, »der von einer fixen Idee besessen war. Er glaubte fest daran, daß er zwei Briefe bekommen würde. Der eine würde ihm das Eigentum an einer Gummiplantage auf Borneo und der andere die Anteile an einer Diamantmine in Südafrika übertragen. Es war ein sehr schwieriger Fall. Als ich ihn endlich geheilt hatte – kamen die beiden Briefe!«

Es sagte der Patient:

»Herr Doktor, ich glaube, ich bin ein Hund. Was kann ich tun?«
»Sitz und gib Pfötchen!«

Der Patient ist hochgradig erregt. Er sagt, er sei gekidnappt worden. Kleine grüne Männer, die in einem Raumschiff von der Venus gekommen seien, hätten ihn einer Gehirnwäsche unterzogen und ihm dann eine Droge gegeben, durch die er zu einem Venusmenschen geworden wäre.
»Na, ich sehe schon«, sagt der Psychiater, »Sie haben wohl zuviel gearbeitet und dabei etwas die Kontrolle über Ihre Phantasie verloren. Ich werde Ihnen ein Beruhigungsmittel aufschreiben und dann ...«
In diesem Augenblick hört man von draußen einen schrecklichen Lärm, als ob zehn Düsenflugzeuge auf einmal landen. Der Psychiater springt auf, stürzt ans Fenster und sieht, wie ein seltsames Flugobjekt landet, aus dem kleine grüne Männer mit sechs Armen aussteigen.
»Schnell!« ruft er. »Wir müssen hier weg, bevor sie in das Haus hereinkommen.«
Der Patient steht auf und wird dabei ganz grün. Unter seiner Jacke kommen noch vier weitere Arme hervor, und in jeder Hand hält er eine Strahlenkanone. »Was meinen Sie?« sagt er. »Wir ...?«

Zwei Psychiater unterhalten sich.
»Heute war ein Mann bei mir, der behauptete, er hätte ein Telefon verschluckt!«
»Na und? Sicher haben Sie ihn durch Hypnose von dieser Zwangsvorstellung befreit«, vermutet der Kollege.
»Nein«, meint der andere, »das geht erst in den nächsten Tagen.«
»Ich verstehe nicht – warum denn das?«
»Er erwartet noch ein paar dringende Anrufe.«

*

Zwei Freunde treffen sich auf der Straße. Der eine fuchtelt ständig mit seinen Armen in der Luft herum.
»Ja, was machst du denn da?« fragt der eine.
»Ach, weißt du, diese vielen Schmetterlinge – es ist wirklich eine Plage!«
Darauf sagt der andere: »Komm, ich gehe mit dir zu meinem Psychiater, der kann dir bestimmt helfen.«
Gesagt, getan. Aber als sie vor dem Psychiater sitzen und noch bevor sie überhaupt zu Wort gekommen sind, meint der Psychiater unwillig: »Bitte, scheuchen Sie doch nicht diese ganzen Schmetterlinge zu mir herüber!«

*

»Herr Doktor, ich glaube, ich bin ein Auto – brumm, brumm«, sagt der Mann.
Der Psychiater hält den Kopf schief und bittet den Mann: »Machen Sie das noch einmal.«
»Brumm, brumm«, macht der Mann bereitwillig.
»Tja«, der Psychiater nickt nachdenklich, »ich glaube, Ihr Vergaser ist verstopft!«